U0909420

新时代生态文明

审计研究

李璞颖 / 著

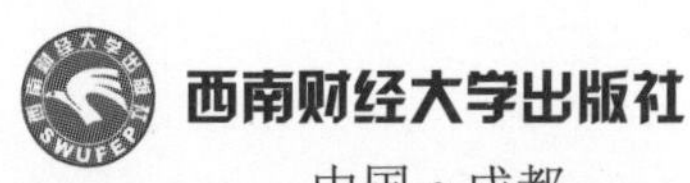

中国 · 成都

图书在版编目(CIP)数据

新时代生态文明审计研究/李璞颖著．—成都:西南财经大学出版社,2023.3
ISBN 978-7-5504-5050-9

Ⅰ.①新…　Ⅱ.①李…　Ⅲ.①政府审计—研究—中国
Ⅳ.①F239.44

中国版本图书馆 CIP 数据核字(2021)第 175455 号

新时代生态文明审计研究
XINSHIDAI SHENGTAI WENMING SHENJI YANJIU
李璞颖　著

责任编辑:冯　雪
责任校对:王　琳
封面设计:墨创文化
责任印制:朱曼丽

出版发行	西南财经大学出版社(四川省成都市光华村街 55 号)
网　　址	http://cbs.swufe.edu.cn
电子邮件	bookcj@swufe.edu.cn
邮政编码	610074
电　　话	028-87353785
照　　排	四川胜翔数码印务设计有限公司
印　　刷	郫县犀浦印刷厂
成品尺寸	148mm×210mm
印　　张	8.375
字　　数	238 千字
版　　次	2023 年 3 月第 1 版
印　　次	2023 年 3 月第 1 次印刷
书　　号	ISBN 978-7-5504-5050-9
定　　价	58.00 元

前　言

生态兴，则文明兴；生态衰，则文明衰。

生态危机源于工业化进程中的人类社会生产生活与自然的矛盾。自然与我们日常生活的关系十分密切，对人类社会的发展也有着至关重要的作用。当人与自然的和谐关系遭到破坏时，自然对人的惩罚便会转化为可观可感的危机事件。所以，强调人与自然和谐关系的生态文明建设恰逢其时也尤为必要。

党的十八大和十八届三中全会就已明确提出“生态文明建设”“加强生态文明制度建设”“建立系统完整的生态文明制度体系”。党的十八大报告强调，国家将生态文明建设置于实现可持续发展中的突出地位，将生态文明建设纳入中国特色社会主义“五位一体”总体布局和“四个全面”战略布局，把我国生态文明建设提到了前所未有的高度。2015 年 5 月，中共中央、国务院印发《关于加快推进生态文明建设的意见》，是继党的十八大和十八届三中、四中全会对生态文明建设做出顶层设计后，中央对生态文明建设做出的一次全面部署。2015 年 9 月，由习近平总书记主持的中共中央政治局会议审议通过了《生态文明体制改革总体方案》，为加快建立系统完整的生态文明制度体系，加快推进生态文明建设，增强生态文明体制改革的系统性、整体性、协同性制定了战略方案。2016 年 12 月，中共中央办公厅、国务院办公厅印发《生态文明建设目标评价考核办法》，为加快我国绿色发展，推进生态文明建设，规范生态文明建设目标评价考核工作提供了参考依据。习近平总书记在党的十九大报告中指出："必须树立和践行绿水青山就是金山银山的理念，坚持节约资源和保护环境的基本国策，像对待生命一样对待生态环境。"党的十九大报告中有关生态文明建设的内容高屋建瓴，为推动形成人与自然和谐发展新格局、建设美丽中国提供了根本遵循和行动指南。党的二十大报告明确要求："我们坚持绿水青山就是金山银山的理念，坚持山水林田湖草沙一体化保护和系统治理，全方位、全地域、全过程加强生态环境保护，生态文明制度体系更加健全，污染防治攻坚向纵深推进，绿色、循环、低碳发展迈出坚实步伐，生态环境保护发生历史性、转折性、全局性变化，我们的祖国天更蓝、山更绿、水更清。"从中央到地方自上而下吹响了全面推进生态文明建设的总号角。历史与实践证明，保护生态环境就是保护生产力，改善生态环境就是发展生产力。保护和改善生态环境、加强生态文明建设至关重要。生态文明建设成为摆脱或克服当前我国所面临的生态困境或生态危机的总出路、总对策，成为实现"中国梦"、构筑"美丽中国"目标指向的必由之路。

以习近平同志为核心的党中央把生态文明建设作为中国特色社会主义现代化建设的重要任务，并形成了"五位一体"总体布局，将其提升为国家发展的战略性目标，阐明其对中华民族伟大复兴和永续发展的历史意义。习近平总书记站在人类生存发展和文明延续的立场上，面对复杂的国际形势和全球性生态危机的显现，进一步提出了构建人类命运共同体，冲破了政治、社会制度、宗教、种族等一切横在人与人之间、国家与国家之间的藩篱与鸿沟，体现了中国面对风云变幻的世界发展大势、放眼全球的国际视野和大国胸怀。人类只有一个地球，各国共处一个世界，人类命运共同体表达的是一种对人类命运的终极关怀和价值追求，勾勒出了全人类未来美好生活的愿景，体现了和平与发展的世界主题。因此，这一倡议和目标很快就得到多国领导人的高度评价和热烈回应，并被写进了联合国的多个文件中。

习近平总书记继承了马克思主义关于人与自然辩证关系的思想，并在结合中国实际国情的基础上形成了一系列具有高度指导意义的生态文明思想。生态文明是中国特色社会主义持续发展、繁荣稳定的重要基础，是实现中国梦的必然要求，在追求中国梦实现的道路上决不能走西方先污染、后治理的老路。为此必须要将生态文明建设融入中国特色社会主义建设的方方面面，纳入社会发展总体布局，树立人类命运共同体意识，使生态保护观念根植于我们的各项经济、政治、文化、社会生活中。

生态文明作为人类文明发展历程中的崭新文明，凝结了人类的智慧和希望，蓝色星球的文明发展至此，除了科技发展带来的令人惊叹的各种便捷，更令人印象深刻的却是全世界都日益恶化的生态环境。我们深深地为人类的当下和未来而忧虑，而生态文明建设无疑将成为能够迅速使人们摒弃差异而共同努力致力于“拯救地球”的行动。

生态文明建设是一项“以政府为主体、企业及社会公众共同参与、国际相互协同”的复杂工程，涉及政治、法律、科技等各个领域，其中包含了制度的出台与落实、政策的执行与评价、大量的资金投入、生产方式和消费方式的转变等各项理论和实践措施。

在生态文明建设中，审计是一项重要的监督工具。无论是国家审计，还是社会审计与内部审计，都是现代治理的重要工具。为解决生态自然和经济社会发展之间的矛盾，国家审计以资源环境为核心先后开展了环境审计、资源环境审计和生态审计，可见，审计的内涵正不断扩大。就我国现状来说，尽管环境审计作为国家治理的一项重要工具在生态文明建设过程中起到了一定的监控、预警、揭示及修复作用，但是受限于审计范围狭窄、审计主体独立性较低、立法完善度不高、审计方法滞后、审计人才队伍薄弱等因素，环境审计尚不能完全满足在生态文明建设过程中产生的新的审计要求。

因此，我国生态文明治理有必要实施生态文明审计，生态文明建设就必须强化生态文明审计。可见，生态文明审计是推进我国生态文明建设的重要工具，是强化我国生态治理的重要手段，是国家治理体系中的重要监督系统，对实现中华民族永续发展具有重大现实意义与深远历史意义。首先，生态文明审计是生态文明建设的必然选择。党的十七大率先提出了“生态文明”的理念，党的十八大重申了生态文明建设的重要性，并将其正式纳入“五位一体”的建设体系之中。党的十九大将建设生态文明提升为“千年大计”，指出要牢固树立社会主义生态文明观，推动形成人与自然和谐发展现代化建设新格局。党的二十大指明促进人与自然和谐共生是中国式现代化的本质要求之一，从战略高度赋予生态文明建设新的历史任务和重大意义。自此，生态文明建设成为备受各界人士高度关注的热点议题，民众的生态环保意识明显增强，越来越多的民众积极主动地加入环保行列之中，这在很大程度上推动了生态文明的建设与发展。作为经济建设和生态环境共有的“免疫系统”，生态文明审计主张社会经济和生态环境平衡发展，推动人与整个自然和谐共处，形成共同发展的局面。生态文明审计侧重对生态环境的保护、维护、修复以及生态污染的治理，这是基于整个生态系统进行的一项针对性较强的全面审计。其次，生态文明审计是生态环境保护的必然要求。目前，生态环境问题受到世界各国的高度重视，很多国家纷纷出台了各种各样的生态环境保护政策和法律，同时积极采取各种手段和方法推动经济体系优化升级。我国在大力推进生态文明建设时，既强调经济方面的发展，也重视对自然环境的改善与保护，在此背景下，生态文明审计尤为重要。最后，生态文明审计是经济可持续发展的内在选择。在大力推进生态文明建设时，需采取各种手段加强对生态环境的整治与改善，以此实现真正意义上的可持续发展。作为评估生态发展的重要工具，生态文明审计既能够科学合理地权衡经济和生态环境发展，也能够促进经济转型，促其摒弃原来的粗略式发展模式，从源头上实现对生态系统的改善与保护。生态文明审计不仅能够规避社会经济发展过程中存在的不足，还能够从经济效益和生态效益出发推动经济发展。

因此，在我国开创生态文明新时代背景下，如何积极实施好生态文明审计，发挥生态文明审计应有作用与效能，使其更好地服务于我国生态文明建设，是专家学者及实务界面临的亟待解决的重要课题。显然，要开展生态文明审计、实现生态文明审计目标，我们就得先认识生态文明审计。鉴于此，本书就探究生态文明审计的理论基础、分析生态文明审计产生与发展的动因、探究生态文明建设中生态文明审计的作用机制及实现路径、厘清生态文明审计的基本理论框架谈点看法，以求为生态文明审计体系的完善提供一些思路。

本书分为上下篇，七大章节：

上篇，生态哲学与生态文明建设。生态哲学部分着重讨论生态学思想、生态学马克思主义、生态伦理学和生态文明哲学思想的概念内涵，提出生态文明建设和生态文明审计的哲学理论，为生态文明建设和生态文明审计做理论铺垫。生态文明建设部分着重讨论生态文明建设的理论逻辑、生态文明建设的价值论、我国生态文明建设存在的问题、生态文明建设的必要性。

重点探究习近平生态文明思想的理论内涵、哲学特征、时代价值和统一特性。提出生态文明建设不仅关乎人类未来的发展，同时也关乎民族的生存和国家的强大。习近平生态文明思想对生态环境治理给予了重要的指示，创新了环境监管制度，构建了完整的生态文明制度体系，为把我国建设成为富强民主文明和谐美丽的社会主义现代化强国做出了重大贡献。

下篇，新时代生态文明审计。着重讨论新时代生态文明审计理论、生态文明审计制度、生态文明审计方法、生态文明审计评价指标、生态文明审计建设机制与路径。笔者尝试在现有理论的基础上，创新新时代生态文明审计的方法和评价指标体系，为生态文明审计理论研究提供借鉴。

希望本书的观点能丰富生态文明审计现有理论基础并推动生态文明审计有序开展，并能从审计角度推动我国生态文明建设。但受作者专业水平和写作能力的限制，书中难免存在不足之处，恳请学术界与实务工作者批评、指正。书中参考和采纳了部分专业学者和实务工作者的观点内容，本人在此向相关作者表示由衷的感谢。

李璞颖

2022 年 12 月

目　录

上篇　生态哲学与生态文明建设

下篇　新时代生态文明审计

上篇

生态哲学与生态文明建设

第一章　生态哲学

党的十九大明确提出，人与自然休戚相关，人类在生存和发展过程中，应学会尊重并敬畏自然，增强保护意识，顺应自然发展规律，积极采取各种合理措施保护自然。党的二十大报告指出："大自然是人类赖以生存发展的基本条件。尊重自然、顺应自然、保护自然，是全面建设社会主义现代化国家的内在要求。"纵观人类历史，人和自然的关系已经历了两个时期：一是以自然为中心的时期，二是以人为中心的时期。现在，正进入人与自然和谐共处的第三个时期。

生态哲学作为一种新的哲学范式和生态世界观，是一门通过生态系统的观点及方法对人与自然之间的辩证关系及发展规律进行探讨与分析的科学，即以人与自然两者之间的关系为切入点，以两者和谐发展为愿景，对人类社会与自然的互动进行全面的社会哲学研究。所以，生态哲学的不断完善为顺利实现可持续发展提供了强大支持，也为其夯实了哲学基础。中国特色的生态哲学将世界看作自然、人类和社会的复杂生态系统，形成了万物共存、包容共生、平衡与和平、和谐与融合、平等与适宜、价值共享、可持续、真善美的生态文化思想，清晰全面地反映了生态系统的有机创造性及内在联系，为生态文明建设与发展提供了重要的哲学理论基础。

在国民经济高速发展的今天，生态问题也越来越严重。解决生态环境问题离不开科学的指导思想，中国应贯彻习近平生态文明思想来发展经济。此时，必须认识到生态哲学的必要性，不断解读其内在的概念和内涵，并从一个更加科学的角度探讨如何实现中国生态与经济的可持续发展。

第一节 人与自然生态矛盾的表现及本质

人与自然的生态矛盾主要体现在人类对自然环境的异化和消耗上。换句话说，自然环境并不能够满足人类的无限利用需求，而且由于其自身的局限性，它会以生态灾难的形式对人类的破坏性行为进行报复，从而表现出两者之间的对立本质。

一、过度消费自然资源

资源利用效率的提高经常导致生产规模的扩大和资源用量的增加。技术改善和革新的目的是有效地减少对自然资源的消耗，而增加自然资源消耗的现象被称为“杰文斯悖论”。异化消耗自然资源是人类的天生能动性。人与动物的本质区别在于，人能够在一定程度上选择、改造、控制、调节、影响自然环境，从而达到为人服务的目的。《马克思恩格斯文集》（第 1 卷）指出，动物只是适应其所在的生存环境，而人则是凭借着改变个人思想及行为的方式获取自然资源，使大自然为实现个人目标提供有效帮助，以此实现对大自然的管控。进入现代工业社会后，人们对资源消耗趋向异化，有时甚至会违反自然规律，滥用自然资源，并超出自然能够承载的范围。人类大量消耗资源，不仅会导致不可再生能源的急剧减少，而且会制造出难以净化的污染物，这意味着人类进入了“人类纪”时代。“人类纪”是具有地理学、历史学、生态学等意义的概念，它不仅局限于现有的物质构成，还包含了不可逆的存在物，比如地质层（孟悦，2016）。此后，“人类纪”这一概念的内涵逐渐丰富并经常使用，增加了对现存全球生态危机的反思和警告，也明显强调了人类对自然资源的过度消耗。

二、自然生态抵抗人类

自然生态抵抗人类最直观的表现之一就是发生自然生态灾害。自然生态灾害是人为影响导致的自然生态平衡严重破坏，它会给人类社会和国家乃至人类生态环境带来严重的灾害。自然生态环境与人类社会相互关联对应，如果人类破坏了自然生态的平衡，那么生态环境就可能反击人类，这就是其对人类破坏自然生态行为的报复。这样的自然生态报复往往会爆发更大的自然生态灾害，譬如能源危机、温室效应等。破坏自然生态甚至会导致国家间的战争。人类主义社会将使人类社会倒退到“热战”时代。威廉·莱斯（2007）认为自然的反抗意味着抵抗人类，是自然对长期受人类压迫的一种反抗形式。乔尔·科威尔（2015）分析了破坏环境和自然资源的严重性，指出环境和自然资源可能导致的各种灾害性环境可能给未来人类的生活环境带来重大的影响。他的分析结果表明，自然对人类的报复带来的危害远远大于人类对自然的破坏，这无疑又给人类敲响了警钟。

三、人与自然的本质双重对立

日益恶化的生态环境危机表现为人与自然的矛盾对立，这本质上是人与自然的双重对立。人与自然的双重对立源于人类社会的出现。但是，在经过 17 世纪和 18 世纪的工业革命后，直到现在，人们对自然的思维方式已形成了人与自然的双重对立，即人以功利为中心机械地对待自然。因此，人与自然的二元对立具有功利性、机械性的特征。人以功利为目的对待自然，是因为自然是获得利润的最重要资源，资本的增值需要不断地从资源中获得，所以人从功利的角度出发，只单纯地考虑人自身的价值和利益，片面地肯定了人类可以通过自然获取利润的工具性价值，否定了自然本身的内在价值。有些会计学研究者提出对自然进行量化定价，企图将自然资本化，这样就可以将一切自然资源放在市场上进行交换买卖。这种功利性仅以人为主体，并且单纯地以牟利为目的，会使自然的生态系统严重失衡。在双重对立的人与自然的关系中，自然作为人的对立存在物独立出现，人对自然的认识被局限于自然的工具性价值，未能认识到自然对于人类的系统整体性价值。修正量化的合理性也用于对自然资源的测定。以功利性、机械性为主要特征的二元对立是人与自然生态矛盾的本质，这对引起人类异化消耗自然资源、引起生态灾害有重要的推动作用（高梦琪，2020）。

第二节　人与自然和谐的表现及本质

一、人与自然和谐共生

人与自然和谐共生强调人与自然的共生关系，认为人与自然的“生命共同体”并非抽象概念，是具有现实身份的。就人类的起源而言，人类是自然界长期进化、发展的产物，是在自然中诞生的，而自然是孕育人类的母体，因此人与自然是一种共生关系。从自然本身来看，自然在人类产生之前就已经存在，自然先于人类，并在人类产生之后一直存在。也就是说，自然的存在是不以人的意志转移的，它具有客观存在的特性。但客观存在的自然则是人类赖以生存的“物质”源泉，人类只有不断地从自然中获取“物质”，才能生存。总而言之，人是自然的一部分，自然是人的无机体，人与自然是辩证统一的，两者是“共生”的生命共同体。

二、人与自然和谐共存

人与自然和谐共存强调了人与自然的物质转换关系。首先，人类是靠自然生存的。人类是自然的一部分，自然提供的自然资源是维持人类生存和发展的“物质”来源，但是，自然不能直接满足人类的生存和发展的需求。所以人类必须通过自己的劳动实践与自然发生物质文明的转换，以维持自身的生存和发展。其次，自然界的价值具有属人性（张晓娜，2021）。价值观是一个关系概念，它反映了主体与客体之间的关系。因此，不管是工具价值，还是自然价值，都与人类的需要有关，都是人的需要倾向的反映或体现，它表现了人类作为主体与作为对象的自然之间的需要与被需要的关系。如果没有人类的需求，自然的价值就不可能实现。

三、人与自然和谐共荣

人与自然和谐共荣强调的是人与自然之间的良性互动。人类在发挥自身主观能动性的过程中，必须正确认识自然法则的客观性，尊重自然法则，重视对自然法则的保护；如果人无视自然法则，只为了自身的需求肆意开发、利用、破坏自然法则，那么人类必将受到自然法则的报复。从总体上讲，人类与自然之间不是单纯的改造与被改造、利用和被利用关系，而是休戚相关的、荣辱与共的生命共同体，人类与自然的发展具有一致性。保持人类与自然的良性互动，既能提高人类的生态环境质量，满足人类生存和发展的需要，又能保持生态系统的平衡，促进生态系统良性循环。

第三节　中国古代生态学思想

农业是人类历史上第一个产业，而中国是一个农业大国，所以中国古老的生态思想首先来自农业。中国的农业生产都是在朴素和古老的生态思想指导下进行的，许多农业技术都符合生态理论。先人留下的生态思想和论述，是后人取之不尽、用之不竭的精神财富。总结和分析中国古代生态学思想，对推进中国的生态文明建设具有重要意义。

一、天、地、人“三才”论的生态观雏形

“三才”论是中国古代的一种创世论，它既是哲学思想又是宇宙观。古时候用它来解释事物，可以用在政治、军事等社会科学中，也可以用在自然科学中。所谓“三才”，即“天、地、人”。如果把“三才”的概念用在农业生产上，“天”指的是天时，“地”指的是土壤、地形、地貌等，“人”指的是人对作物的耕作、干预，属于人为的调节。例如二十四节气、地力常新壮、精耕细作等，就是与天、地、人“三才”相对应的思想产物。古代人把农业生产看作人与自然相互协调统一的整体，提出了天、地、人的作用，认为这是影响作物生长发育的关键因素。“三才”生态论在农业生产上的思想，早在两千多年前的春秋战国时期就已形成。《荀子·富国》中提道：“上得天时，下得地利，中得人和，则财货浑浑如泉源，汸汸如河海，暴暴如丘山。”也就是说，农业生产如果按照自然法则，可以获得高产和高效。《吕氏春秋·审时》中提道：“夫稼，为之者人也，生之者地也，养之者天也。”即农业生产三大要素：生物有机体（庄稼）、生物有机体赖以生存之外界环境条件（天与地）以及

人类之社会生产活动（人）。《吕氏春秋·审时》中还提到了“凡农之道厚之为宝”与“地可使肥，又可使棘”，也就是说，农业生产的关键在于人能因时制宜地管理，使天尽其利、地尽其力、物尽其用、人尽其才，从而获得最优的生态经济效益。西汉《淮南子·主术训》中提道：“上因天时，下尽地财，中用人力，是以群生遂长，五谷蕃殖。”而天不一时，地不一利，人不一事，是以绪业不得不多端，趣行不得不殊方。《氾胜之书》中提道：“凡耕之本，在于趣时和土，务粪泽，早锄早获。”皆反映人类生产活动与收获之间的关系。北魏贾思勰在《齐民要术》中提道：“顺天时，量地利，则用力少而成功多，任情返道，劳而无获。”也就是要明确地遵循时间和地点的客观规律，而不是凭主观意志，违背客观规律，这两者得到的结果完全相反。北宋的《太平御览》提道：“天时不如地利，地利不如人和。”这与南宋《陈旉农书》提道的：“在耕稼，盗天地之时利，可不知耶?”一样，都主要强调人为因素优先于天和地。元代《王祯农书》提道：“天气有阴阳寒燠之异，地势有高下燥湿之别，顺天之时，因地之宜，存乎其人。”也就是说气候和土壤变化多端，在天时、地利等自然条件特别复杂的地方，人们应该按照“顺天之时，因地之宜”来灵活把握和运用。

明代马一龙在《农说》中提道：“合天时、地脉、物性之宜，而无所差失，则事半而功倍矣。”即在农业生产中，如果因时制宜、因势利导，则事半功倍。但是，必须先“知天之时，识地之宜”，即先认识和掌握天时地利的变化规律，还要“知其所宜，用其不可弃；知其所宜，避其不可为”，做到趋利避害，扬长避短，才能“力足以胜天矣”。明末清初著名的文学家陆世仪说道：“天时、地利、人和，不特用兵为然，凡事皆有之。即农田一事，关系尤重。水旱，天时也；肥瘠，地利也；修治垦辟，人和也。三者之中，亦以人和为重，地利次之，天时又次之。……三者之中，论其重，莫重于人和，而地利次之，天时又次之。论其要，莫要于天时，而地利次之，人和又次之。……然使既得天时，既得地利，而又能济之以人和，则所获更与他人不同，所以必贵于人和也。”清代农学家张际标说道：“天有时，地有气，物有情，悉以人司其柄。”

张存信（2013）指出中国古代“三才”论是把天、地和人对农业的综合作用看成一个大系统，并详尽地分析和概括了这三者之间的关系，说明了中国古代的生态观之哲学基础，这不仅指出了天、地和人之间的辩证关系，还指出了人们要认识自然规律，还要尊重它、顺应它。此外，他还特别强调了人的主观能动性的发挥。

二、时、土、物“三宜”论的生态学原则

在“三才”论的影响下，还逐步产生了“三宜”生态学原则，即“因时制宜、因地制宜、因物制宜”，简称“时宜”“地宜”“物宜”，这也构成了中国古代的环境生态学原则，并被称为时、土、物“三宜”说，成为指导农业生产的思想和原则。这一思想和原则，早在两千多年前春秋战国时期就已经形成。《诗·秦风·车邻》中提道：“阪有桑，隰有杨。”表明当时的人就已经知道生态各不相同的桑杨，是因为分布于不同的地方。《孟子·梁惠王上》中提道的“不违农时，谷不可胜食”就是将时宜置于突出位置。《管子·立政》提道：“相高下，视肥墝，观地宜……使五谷桑麻皆安其处，由田（古代管农政官员）之事也。”则指出农官应肩负指导农业生产的责任。《淮南子·泰族训》中提道：“天不一时，地不一利，人不一事，是以绪业不得不多端，趋行不得不殊方。”也就是说天时、地利、人和，地力参差不齐，人处理事物的条件不同，从事各种行业的情况也不同，所以，人们要采取各种特殊的方法，才能把事情做好。

它注重事物的特殊性，主张区别对待，反对千篇一律的做法，是“三宜”的初始理论基础。《氾胜之书》中提道：“得时之和，适地之宜，田虽薄恶，收可亩十石。”在农业生产上，如果能做到因时制宜、因势利导、上得天时、下尽地利，即使土质贫瘠，也可以获得一亩十石的好收成。北魏贾思勰在《齐民要术》中提道：“顺天时，量地利，则用力少而成功多。任情反道，劳而无获。”表明顺应天时、衡量地利，就可以花很少的力气而获得最大的成功；可如果违反规律，就将一无所获。元代鲁明善在《农桑衣食撮要》中写道：“四方风土气候不同，凡务本者，宜顺时而动。”清代姜皋在《浦泖农咨》中写道：“农之为道，习天时，审土宜，辨物性，而后可以为良农。”也就是说，只有熟悉天时、能够判别土地适宜情况以及判别作物特性的人，才能称得上良农。由此可见，这对农民的要求相当高。清代杨屾在《知本提纲》中提道：“若能提纲挈要，通变达情，相土而因乎地利，观候而乘乎天时，虽云耕道之大，实有过半之思。”其弟子郑世铎注释：“变，谓耕道之变；情，谓物生之情也。相，视也。耕道虽大，不越因地、乘天二端。若能提纲挈要，通耕之变，达物之情，相土自然之种而因其利，观天一定之候而乘其时，其于耕道之大，已思过半矣。”这指出了土地耕作的原理和原则虽然复杂，但如果能抓住“三宜”的原则，采取相应的人工调控措施，充分利用天、地、物的有利因素，适应作物的生长规律，则基本掌握了农业生产的原理。

三、“天人合一”的生态学理念

中国从战国时期开始，道家的老子就凭借自身对世界万物及所在社会的深刻剖析和深入研究，提出了极富深意的生态哲学思想。无论是儒家还是道家，都主张人与天地并立。“天人合一”的理念和原则就是中国古代的主要生态学思想，这一观点的提出比西方要早几千年。所谓天人合一，就是自然界中的一切事物都是相互影响、相互联系的，只有遵循自然规律，才能更好地保障人类的活动。《礼记中庸》提道："赞天地之化育，则可以与天地参矣。"《庄子齐物论》提道："天地与我并生，而万物与我为一。"这些论述不仅直接确立了人在自然界生态环境中的主体地位及其作用，而且明确提出了人类在进行生存和发展活动的同时，应该遵循大自然的规律。一方面，人类作为自然界的重要成员，在生存和发展过程中应自觉肩负起维护生态系统、保护大自然的重要使命。因为在人与自然的主体性关系中真正占有重要主导地位的是每个人而不是自然，人的主体性是自然生活的重要道德基础和主体，自然对人类权力的保护和实现主要依赖人对自然的意志和自然规律的主体性的认识和水平。所以，人的自然主体性表现为人类对自然界和其他物种的自然权益的充分尊重和自然责任的担当。另一方面，自然对人类生活具有主体性价值，人类的自然生存及其发展主要依赖自然生态的基本完整性和环境的可持续性，例如：

《论语述而》提道："子钓而不纲，弋不射宿。"《老子第39章》提道："其致之也，谓天无以清，将恐裂；地无以宁，将恐废；神无以灵，将恐歇；谷无以盈，将恐竭；万物无以生，将恐灭。"可见，祖先们早就认识到了自然生态环境的重要性，遵循对自然要取之以时、取之有度的思想。

人类的自然价值是基于主动地肩负起维护自然价值、自觉地推动自然进化之上的，人类在生存和发展过程中需要通过各种途径和方法克服其他物种的自然局限性，在实现自身发展的前提下，为其他物种生存与发展构建有益环境。但是，古时候的人们并不完全懂得如何合理利用、保护和改造自然，只是一味地追求遵循和爱护自然，尽管实际上我国古代的传统生态哲学还混杂了多个学派的许多思想观念，但大体上还是完全遵循了“天人合一”的生态学理念。由此可以很清楚地看出，我国古代主要的自然生态学思想的特点就是认为人类必须要尊重和服从自然，敬畏和爱护自然。

第四节　生态学马克思主义

1979 年，本·阿格尔（Ben Agger）正式提出了“生态学马克思主义”这个概念（解保军，2014）。生态学马克思主义正是关注人与自然关系的思潮之一，至今仍具有较大的影响力。早期的生态学马克思主义主要致力于促进社会主义的生态运动全面开展。20 世纪 90 年代后，随着相关研究的不断深入，生态学马克思主义理论体系日臻成熟，且更加注重对生态运动的改造影响，要求建立一种全新的生态社会主义模式，总结生态变革的领导力量、社会变革的现实途径，修正了初期的浪漫主义基调，形成更加成熟、系统的理论体系。

生态学马克思主义基本包括两大部分的内容：一是资本主义批判，二是技术理性批判。这二者展开的主线主要是围绕人与自然关系。因此，人与自然关系是生态学马克思主义的核心，占有重要的地位。聚焦生态学马克思主义中的人与自然关系研究，一方面，可以借此镜鉴我国生态文明建设的理论框架；另一方面，也不失为一种文本视角下的人与自然和谐关系建构的思考。

一、生态学马克思主义的资本主义批判

资本主义批判是生态学马克思主义的重要理论构成，而其展开是以人与自然两者之间的关系为线索的。生态学马克思主义主张，诱发生态危机的根本原因是资本主义制度，并从以下

三个不同的角度入手对该制度下的生态非正义性展开了深入剖析及严格批判。

首先，资本主义的本性是反生态的，资本主义制度本身存在着难以消除的生态矛盾。著名学者詹姆斯·奥康纳（2003）表示，生态的可持续性要求与资本主义的逐利本性从根本上是相冲突的，资本主义必然会使自然界沦为资本自我扩张的“水龙头”和随意污染的“污水池”。戴维·佩珀（2005）认为，以追求利润为唯一目的的资本主义本质上是敌视生态环境的，资本主义制度固有的生态矛盾在很大程度上阻碍了可持续发展目标的顺利实现，使得后者成为“无妄之谈”。其中，最具有代表性的是福斯特的观点。约翰·贝拉米·福斯特（2006）强调资本主义对人与自然关系破坏的天然本性，并在《生态危机与资本主义》这本著作中将其体现得淋漓尽致。约翰·贝拉米·福斯特（2006）明确表示，资本的自我增值是其区分于其他社会制度的根本属性，资本的无限扩张和有限的自然资源之间势必会产生难以调和的矛盾。资本主义将积累财富看作社会的最高目的。资本将使用价值从属于交换价值，不间断地进行资本积累，使得人和自然间新陈代谢的断裂范围及程度进一步扩大，这种影响不仅出现在生产领域，也涉及消费领域，这也使资本主义对社会的控制不断提升。约翰·贝拉米·福斯特（2006）将这样的理论框架定位为马克思主义关于生态危机理论的核心。纵然资本主义会采取现代生态的方式进行生态恢复，但是约翰·贝拉米·福斯特（2006）认为所谓的技术解决方案通常的确有提出和被使用，但这并没有真正解决生态问题的系统性根源。人是自然的产物，需要依靠自然界的物质资料进行生存与生活，而以资本逻辑为运行机制的资本主义工业生产是进行单向度开发的，只追求利润最大化，要求自然的一切服从于资本生产。

其次，资本主义生产方式势必引发难以有效解决的生态危机。约翰·贝拉米·福斯特（2006）认为，资本主义生产方式好比“踏轮磨坊的生产方式”，用以说明资本主义为了实现资本的增值而必然无限度地扩大生产，从而必然消耗更多的自然资源和向自然界倾注更多的污染。然而，自然资源和自然界的自净能力都是有限的，在有限的自然资源中寻求无限扩张可谓痴心妄想，势必引发不可调和的矛盾，而这也为全球毁灭性冲突的形成埋下了重要隐患。佩珀认为，资本主义生产方式固守的“成本外在化”原则是诱发并加剧生态危机的重要因素。他明确表示，为获取更多的经济收益，资本主义生产必然会遵循“收益内在化和成本外在化”的原则，资本家是不愿意做保护环境、控制污染等增加生产成本的事情的，他们会将这些生产成本“外在化”转嫁给整个社会，让他人和子孙后代为他们破坏生态环境的逐利行为付出代价。不仅如此，发达资本主义国家为创造更多利润、实现利益最大化，还大力推行并积极实施生态殖民主义策略，即对欠发达国家和地区带来生态环境问题，如掠夺发展中国家的生态资源和向发展中国家转移污染物等，由此造成了全球性的生态危机。

最后，资本主义消费模式必然导致生态危机。生态学马克思主义认为，要使资本主义无限度地扩大生产以实现资本的不断增值，必须使生产出来的商品被消费者购买和消费。因此，人为地创造出各种各样的需求、激发人们对商品的无止境的欲望，从而无限度地扩大消费即“大量消费”和“大量废弃”，就成为资本主义消费模式的必然选择，这种把消费视为人生目的和幸福感来源的消费主义模式带来的自然结果就是发生生态灾难。在现代市场力量的推动下，越来越多的人为了获取丰厚的收益，萌发了通过破坏自然环境获取商品的欲望。生态学马克思主义认为，作为一种有悖于可持续发展的资本主义制度，资本主义是诱发和加剧生态危机的根本因素，所以，要想促进生态社会主义发展，首当其冲是彻底取缔资本主义制度，并基于此提出了生态社会主义乌托邦的设想，这是一个走出了资本逻辑或市场逻辑、实行生产资料公有制、国家有计划地对生态资源进行按需分配、生产得更少而又能生活得更好的社会。在那里，生态危机不复存在，生态正义最终得到实现。

在解读生态学马克思主义的资本主义批判时，国内学界有一种颇有代表性的观点。在这种观点看来，生态学马克思主义并未以晦涩抽象且缺乏具象的价值观为切入点对生态危机及其应对策略进行论述和分析，也未将其应对策略笼统地归纳为“走出或者走入人类中心主义”，而是将诱发生态危机的根源指向以实现财富最大化的资本主义制度及其相应的生产方式。王雨辰（2008）主张，要想彻底解决生态问题，那么首当其冲需要取缔资本主义制度，这不仅是生态学马克思主义的特别之处，也是其理论的深刻体现；其他西方生态哲学思潮则呈现出明显的不足，具体表现为强调对价值观的批判，这既无法彻底消除生态问题，也不利于厘清生态危机的实质，反而会充当起资本辩护的角色，唯有生态学马克思主义对寻求资本无限扩张的资本主义制度提出了质疑，同时要求取消并变革此制度。这种观点是非常值得商榷的，它力图对生态学马克思主义予以特别的肯定和赞誉，实则有时贬低有时又拔高了它。实际上，价值观绝不是什么抽象的东西，而是对现实利益的切实反映和自觉追求，并且每时每刻都在支配着人们的思想倾向和行事方式。同时，价值观批判与资本主义制度批判也绝不是截然分殊或完全对立的。资本主义生产方式是资本主义制度的内在构成部分，而资本主义制度文化与其他各种形式的文化一样，都是以一定的价值观为核心的，因此，只有深入价值观批判，资本主义批判方可直击资本主义制度的灵魂。换句话说，生态学马克思主义的资本主义批判是触及了资本主义制度的灵魂的，因为其资本主义批判的矛头就指向了作为资本主义制度之核心的个人主义的价值观，其具体表现形式即分别以个体和群体为本位的个体中心主义和群体中心主义。生态学马克思主义的资本主义批判的具体对象是资本逻辑，即资本必然追求无限度的增值和利润最大化，资本主义无限度地扩大生产和消费不过是资本扩张逻辑的两种具体表现；资本主义制度之所以是反生态的，就是因为它牢牢地受着资本逻辑的宰制，或者说，资本主义制度本身就是按照资本逻辑设计的。而资本逻辑则是个体中心主义和群体中心主义对资本的必然要求，它不过是个体中心主义和群体中心主义内在逻辑的集中展现；受资本逻辑控制的资本主义制度，处处都淋漓尽致地体现了个体中心主义和群体中心主义。从这种意义上说，生态学马克思主义的资本主义批判的可贵之处，恰恰就在于它没有仅仅停留在对资本主义制度是当代生态环境问题的根源的简单认知上，而是进一步揭示了资本主义制度生态非正义的价值论秘密。生态学马克思主义对资本逻辑的批判实质上就是对资本主义制度的价值观批判，即对资本主义条件下的个体中心主义和群体中心主义的批判。生态学马克思主义主张取缔并变革资本主义制度，这是因为在他们看来，只有废除资本主义制度才能消解资本逻辑，而生态社会主义就是一种摆脱了资本逻辑控制、克服了个体中心主义和群体中心主义的社会。著名学者戴维·佩珀（2005）曾明确指出，生态社会主义的人类中心主义是一种长期的、集体的人类中心主义。从这里也可以看出，在消除当代生态危机方面，部分生态学马克思主义者是明确主张走出个体中心主义和群体中心主义这两种分别以个体和群体为本位的人类中心主义（强人类中心主义）而走入以人类为本位的人类中心主义（弱人类中心主义）的。认识到生态学马克思主义对资本逻辑的批判其实是对个体中心主义和群体中心主义即个人主义价值观的批判以及它比单纯对资本主义制度的批判更为深刻和更为根本，对当代中国社会实现生态正义、建设生态文明是极其重要的。现阶段，我国在谋求发展的过程中也出现了难以克服的生态环境问题，这些生态环境问题显然不能归因于资本主义制度或资本主义生产方式，因为当代中国实行的是社会主义的根本制度。当代中国生态环境问题的主要祸根亦为个体中心主义和群体中心主义。

二、生态学马克思主义的技术理性批判

生态学马克思主义的技术理性批判也是围绕资本主义人与自然的关系异化而开展的，它认为生态学技术理性批判是资本主义人与自然之间相互关系的基础和中介，技术理性批判推动技术在人与自然之间逐渐形成控制自然与被自然控制的关系。生态学马克思主义认为，技术是资本主义劳动者谋取利益的主要工具，资本主义为了满足自己的私利对其技术产品进行了选择与控制使用，二者之间往往联系紧密。马克思对技术并未进行过明确的定义，但是通过系统地分析马克思关于技术的讨论，可以总结出马克思主要从实践、社会系统以及环境三个角度对技术进行了探讨，认为技术理性批判具有与其劳动实践相对应和结合的基本属性。劳动实践必然会使劳动者产生一种相应的意识观念，资本主义制度下的技术劳动会产生一种异化的人类意识观念——技术理性，它与资本主义技术的精神性相对应。生态学技术理性批判是资本主义人类意识异化的重要根源之一。这主要是因为生态学技术理性有可计算性和人物倒置两个特征。可计算性是指由于技术分工关系是精细而严密的，人的技术劳动被资本主义分割为一种局部、机械的操作性劳动，这就失去了完整性，因而技术劳动者也会逐渐失去与其劳动实践和产品的一致性和整体的相互联系。人物倒置是指技术理性要求实现

追求的利润与效率，这就使人屈从对物的追求和支配。最终使人与人之间联系的纽带被可量化的物资占有与超越。

三、生态学马克思主义中的人与自然关系的重构

理论的合理建构往往能有效地指导和推动对现实社会问题的研究和解决。研究社会生态学和马克思主义的学者主要关注的是对历史唯物主义的理论和逻辑体系的建构与阐释，即人和自然的关系应如何维护，以促使两者实现真正意义上的和谐共存。

一是重构人与自然关系的理论前提。历史唯物主义是人与自然关系实现转向的重要理论支撑，生态学马克思主义者尤其注重文化和自然维度在生产力和生产关系中发挥的作用，试图建构人与自然关系和谐发展的多元理论。著名学者约翰·贝拉米·福斯特（2006）曾对马克思的唯物主义展开了深入细致的剖析和思考，认为马克思的物质观和自然观之间具有持久而紧密的联系，所以，马克思的唯物主义从本质上来讲隶属于自然历史过程的唯物主义，并且，马克思的唯物主义学说超越了近代唯物主义学说，马克思对近代科学革命进行了探讨并吸收了重要的思想资源。约翰·贝拉米·福斯特（2006）紧紧抓住自然、自由和实践三个核心概念剖析了马克思唯物主义，认为其由两部分组成，即本体论的唯物主义和认识论的唯物主义。在本体论中，自然代表的是物理世界；在认识论中，自由代表的是人类社会；实践则是联系二者的桥梁。一方面，人类的实践活动受到自然界物质条件的限制；另一方面，人类实践活动是具有选择性的，也就是存在“一种自由”。但是，最终的人类活动是以物质条件为基础的。著名学者戴维·佩珀（2012）在借鉴前人研究成果的基础上，通过个人深入研究对历史唯物主义的生态意蕴进行了如下论述：一方面是关于采用历史唯物主义

分析历史方法中存在的生态意涵；另一方面是将环境的破坏归结为资本主义生产方式，并进行了严厉的资本主义生态批判。戴维·佩珀（2012）明确表示从物质的意义上看，历史侧重于各种生产方式的变更，而所有其他的变化都应由此加以解释。人与自然关系的变化是与具体的生产方式相对应的，人与自然的生态矛盾应该到生产方式中寻找。在资本主义的生产方式中，自然被看作没有内在价值、无具体目的、不具有内涵的原子论机械系统，它受制于交换法则。因此，资本主义生产不会顾及对环境的保护和控制污染。因为保护环境会带来高昂的成本，牺牲赚取的利润，所以资本主义会通过破坏环境来赚取眼前的利益，让后代人承担环境成本。

二是重构人和自然生态和谐关系的路径。生态学马克思主义对人与自然和谐关系路径的架构是立体的和全面的。生态学马克思主义主张摒除资本主义制度、建立生态社会主义，规范技术运用以及建立与自然和谐共处的观念，这是从外在的制度建设到内在的人的意识层次的全方位的构建。其一，生态学马克思主义认为生态与资本主义不能并存，正如科威尔认为资本主义具有反生态的属性。以奥康纳和高兹为代表的生态学马克思主义寻求一种替代资本主义的社会制度即生态社会主义制度。关于生态社会主义，著名学者詹姆斯·奥康纳（2000）对其进行了较为合理的界定，即将其阐释为一种生态上合理且充满敏感性与复杂性的社会，此社会的存在前提是对生产方式和对象等相关要素的民主控制，其典型特征是社会公平、和谐、公正。因此，奥康纳对生态社会主义的描述共包括三点：一是前提，即对生态保持敏感并合理的保护；二是基础，即社会生产中坚持民主的原则；三是目的，即社会能够保持公平、和谐、公正。高兹也主张只有走向生态社会主义的社会制度，才能构建人与自然的和谐关系。生态社会主义注重从人们的思维方式上扭转固有的认识范式，实现从理性的经济计算到服从生态理性。高兹认为“环境主义”一词是带有资本主义特色的，只有生态社会主义才能实现生态化发展，主张实现生态方式的转换，摒除过度强调获利的资本主义生产方式，推行并实施先进合理的社会主义生产方式，它的特征是越少越好，这样就会减少经济理性的使用和商品交换的范围（高梦琪，2020）。其二，生态学马克思主义主张实现技术的制度转换变。转变资本主义化使用技术的本质是实现技术的生态化与合理化。目前的技术使用偏向于大规模，并且极易给自然带来环境污染。在技术的使用过程中导致人的非人性化，对人的发展产生许多负面影响。在生产过程中，社会主义生产呈现出明显的集中化特征，它主张并鼓励工人积极参与生产、管理等事务，这样就可以分散过度集中的权力，管理过程也会实现民主化，激发工人的自主性和创造性，而不会为人们的异化消费去过度生产，工人们得到思想的解放，生态危机也得到有效的化解。其三，消弭控制自然观念。著名学者威廉·莱斯（2007）强调控制自然的观念会导致人与自然关系的破坏，也是造成生态危机的重要原因。自然在人类的控制下被束缚，要想实现自然的解放，就要消弭对自然的控制。具体来说，莱斯认为，消费性生产以科学和技术为中介，所以应从中介切入来探讨消弭控制自然的观念。首先，与自然和谐相处是以伦理与道德的进步为主旨的。伦理与道德的进步是科学和技术革新的重要保障。其次，科学技术本身不具有价值属性，它是与一定的社会结构相联系从而产生价值的。所以说，日臻成熟、完善的科技应打破并克服控制自然的欲望，这是一项与社会体制改革密切相关的重要任务。并且，莱斯认为，在此社会制度中，人们在被赋予一定权力的同时，也需要自觉积极地承担责任，希望每个个体都能深入挖掘并充分发挥其批判能力。最后，消弭控制自然的观念现处于起步阶段，人们的观念仍然被统治自然的观念所主宰，但作为人类，我们应适当地控制自己的欲望，以实现人与自然的关系的合理协调。

四、生态学马克思主义与经典马克思主义的对比

生态学马克思主义是在继承马克思关于资本主义思想导致的人类社会与自然的矛盾关系进行批判性的理论研究的基础上，重构了生态学的文化、自然的唯物主义。生态学马克思主义与经典马克思主义存在殊异性与通合性。

在殊异性上，首先，生态学马克思主义和经典马克思主义同样注重人与自然之间的主客关系，主客体之间发生关系的中介是实践。约翰·贝拉米·福斯特（2006）认为马克思的唯物主义自然观的开创就蕴藏在创立实践唯物主义之际。进而，郇庆治（2019）认为生态学马克思主义正是基于对实践的重视，才变得越来越体系化和成熟，其标志就是明确包含未来绿色社会主义解决途径的系统性分析以及政治过渡战略。而经典马克思主义则更深入地阐述了劳动如何架构起人与自然之间的桥梁。在这一方面，生态学马克思主义的谈论甚少，学者关于劳动的观点仅散见于个别语句，而未进行单独详尽的阐述。马克思认为人的物质需要与精神需要都是通过与外界进行交互来满足的，而这种交互的形式便是劳动，劳动彰显了人的自然属性和社会属性。本研究认为，认识或重构人与自然之间的关系有必要基于社会场域中的劳动交往，通过劳动认识人是自然的一部分是马克思主义的底色。其次，生态学马克思主义疏离了经典马克思主义对资本主义的经济批判。生态学马克思主义最深刻、最鲜明的论调是认为资本主义是一项反生态性的制度，是诱发并加剧生态危机的根本因素。而经典马克思主义则强调对资本主义生产社会化和生产资料私人化两者冲突的严厉批判，认为这是诱发经济危机的根源。我们应客观全面地认识到，当前的资

本主义国家通过经济调整、政策改革等，确实实现了暂时稳定的发展。但是，经济危机不可取代生态危机，二者不可混为一谈，我们需要辩证地审视二者之间的关系。莱斯认为，在人与自然关系层面上，马克思存在“控制自然”的观念。其实，马克思对“控制自然”进行了客观的评估，例如，资本主义对自然的控制促进了生产力的进步，开阔了人们的眼界。人正因为其积极能动地与自然交往，才能实现人自身的解放。但是，马克思主张的“控制自然”并非指全面控制自然，而是主张人类在生存和发展过程中合理协调和自然的关系，即控制人与自然的交换过程、控制人与自然之间的新陈代谢（徐水华，2006）。

在通合性上，首先，在生态社会主义与社会主义的制度关系层面上，生态学马克思主义和经典马克思主义还未达成共识，但是二者基本主张一种社会主义制度的建立。并且，这种社会主义制度与马克思提出的人与自然关系和谐的共产主义制度具有一些相似之处。二者在生产方式上都主张生产资料公有制；在社会管理层面上也都强调民主的重要性。生态学马克思主义目标所指向的是生态自由联合体的民主的社会，马克思描述的共产主义社会是一个由大量自由人共同构成的联合体，任何人都能够得到全面发展，其中也包括对社会自治与民主的讨论。其次，生态学马克思主义和经典马克思主义同样注重经济的稳定增长。资本主义生产方式的扩张导致社会加速运转的同时，也形塑了全球经济非稳态的发展模式。因而，生态学马克思主义主张一种稳态经济的增长模式，即将生态理性、民主化管理、生态环保的技术融入社会发展过程中，致力于呈现整个社会经济稳态增长的发展状态。在生态学马克思主义发展的早期，确实存在一种“零增长”的论调，认为消除生态危机、实现人与自然的和谐相处应该将经济的增长速度降低为零。但在后来的发展过程中，这种观点逐渐被批判和推翻。在戴维·佩珀

(2005）看来，经济若是贫困，势必会影响人们追求平等自由的权利，因而生态社会主义的经济也应该是增长的，关键在于其增长的态势是平稳的和适度的。经典马克思主义也并不主张让人们倒退到田园牧歌式的传统社会，贫困的生活状态无益于人们进行自由而全面的发展。我国在改革开放发展的进程中正是因为解放发展生产力才有力地改变了贫困落后的窘况，在社会主要矛盾已经转化的新时代下，我国需要经济的增长，更需要符合生态原则的稳态增长。最后，作为生态学马克思主义的坚定拥护者及主要代表之一，著名学者戴维·佩珀（2005）认为，应尊重自然的新“人类中心主义”，这在经典马克思主义那里也有所体现，并且二者都反对一种生态中心主义的倾向。人类不可能时刻从自然的角度去分析生态问题，即便对自然和生态平衡等相关问题进行了深入细致的分析，也是从人类的立场进行思考，只注重人类自身的感受。正如马克思的无神论转向的完成，就是因为肯定了人自身的能动性，而非上帝的创造物，更不是完全慑服于自然界的。所以，在整个自然界中，人类占据着比较特殊的地位。当然，新“人类中心主义”并非盲目地强调人的特殊性，而是倡导在促进人类利益的同时不破坏自然环境。

从总体上来看，生态学马克思主义就是将自然生态这一概念充分融合于经典马克思主义思想的方方面面，形成一种独特的社会主义思想体系、话语体系和思想建构的范式。这也许正是生态学马克思主义在马克思主义学理层面上取得一定话语权的优势所在。但是，生态学马克思主义在社会主义的建设上仍然缺乏一定的科学性，即在其思想实现上有人与自然关系转向和谐的困难与局限性。在对社会资源与机制的合理利用与建构思想方面，生态学马克思主义的科学性和现实思考还尚显单薄，与经典马克思主义的偏差也仍然需要进一步弥补、创新和完善。

总之，生态学马克思主义是一种具有社会道义与责任担当的社会主义思潮，其力求实现生态环境的保护与恢复、人类与自然的和谐以及可持续发展，在全世界各种社会思潮中具有不容忽视的地位。

第五节　生态伦理学

基于人类文明演进的内在逻辑，可对不同时期的人和自然间的关系进行清晰准确的界定。在原始文明时期，人们敬畏自然；在农业文明时期，人们开始尝试亲近自然；在工业文明时期，人们为实现大规模扩张，通过各种手段和方法管控自然，希望能够彻底征服自然。在社会实践活动中，人类中心主义论者和生态中心主义论者一直就应该怎样处理人类自身价值与自然生态价值的关系这一问题争论不休，各执一词。人类中心主义主张，凡事都要将人放在首位，秉承着以人为中心的宗旨，任何事都需要以人的利益为切入点（周林霞，2015）。生态中心主义则与此截然不同，它认为，一方面，需要明确存在于自然客体之间的关系，另一方面，应将包括物种等在内的生态整体看作拥有直接的道德地位的道德顾客（余谋昌，王耀先，2004）。对于生态中心主义者来讲，亟待解决的难题是促进人的利益与生态利益相统一。作为生态学中十分重要的一个概念，伦理学主张，人们应在尊重自然的同时通过各种合理手段保护并爱护自然。

人类在自然界的一切活动一定都是具有目的性的，但是本质上，人类具有目的性的一切活动不一定都是完全合理的，因此伦理科学研究的一个根本任务就在于对自然人类的道德目的与其行为方式进行社会价值观的评判。如果把人类的道德和社会价值的研究重心都设定在人类道德方面，那么，人在自然界中的主要地位及其作用实际上就是世界的主人或社会的主宰，即人被赋予了一种目的性的道德价值，自然也就仅具有了工具性的价值；如果把人类道德价值的研究重心设定在社会自然方面，那么一个人在自然关系伦理中的利益分配地位及其作用就会被认为是与其他自然物种平等利益分配关系中的一员；如果把对道德和社会价值的研究重心设定在如何使人与自然和谐地生存与发展方面，那么在现代自然界伦理中，人若想获得更多的收益，就应加强对自然的合理调控。我国传统自然界伦理的主要特点是以协调人与自然人、人与社会之间的利益关系为其调整研究对象的，传统自然界伦理学的利益关系研究主要以现代人际关系伦理为主，强调对人际关系伦理问题的探讨与分析。现代生态社会伦理学将自然界伦理学的主要研究范围从传统的人与自然人的利益关系伦理延伸到了人与自然的利益分配关系，强调自然和人类既要尊重与维护自身的生存和社会健康发展的基本权利，又要尊重和维护人与自然界其他生物的生存和社会发展的基本权利；既要重视人与自然人之间的利益分配关系的平衡，又要重视人与自然之间的利益分配关系的平衡。人本主义自然伦理集中体现了人的基本伦理维度，将人本身视为道德的创造者和主人，强调道德在实现人的自由而全面的发展的重要性，其出发点和目的在于为实现人的价值和目的而展开自然生态伦理学的辩护。这里的人是指天、地、人三极世界中的每一个人，即与自然有密切联系又与社会和自然相对立的每一个人，更是社会实践活动中的每一个人。自然生态伦理学主要强调人类应从思想、道德这两个层面上做人，对于无生命的生态系统、自然环境及其存在物应该抱有恻隐之心，能够给予保护和关爱，它依据对自然环境的影响和作用来准确判断整个人类思想和行为的基本道德和价值，并认为这样的人在整个自然环境中的地位及其作用只能被认为是环境的调控者或管理者，而不能直接认为整个人类就是整个大自然的精神主宰或万物主人。生态伦理学是一种能够充分体现人类立足于研究人与自然的一种自然生态科学。生态伦理学能对人类可持续发展的伦理问题进行科学论证和伦理辩护，立足于研究人与自然的一种横向生态伦理人际关系和人类可持续发展不能以严重破坏自然生态为代价来深入地思考自然界可持续发展的问题，其根本的出发点和关键点在于为实现自然的价值和目的的问题进行道德伦理的审视。所以，道德的价值不仅存在于人类，也不仅是自然的事物，而是人与自然社会关系的一个整体发展，它主要表现为人与自然界的完整、多样、和谐、美丽和发展的可持续性。人在保护和改造自然的发展过程中已经建立了人与自然的社会关系，发展了人与人的社会关系，自然界是人类生存与发展的重要基础，而人与自然的关系则是人与人的社会关系的基础，只有当人与自然的关系处于协调有序的发展状态时，才可能真正实现人与人、人与社会的可持续、和谐化发展。人类对自然界的发展承担责任，不仅是人类道德境界的提高，也是人类对自身权利的一种尊重。

第六节　生态文明哲学思想

生态文明由两部分内容构成：一是生态，这是一种自然状态，或者说是天然状态，主要指的是在地球上随着时代年轮的碾压，自然而成并世代延续的生命体；二是文明，这是一个不断对抗的过程，目前造成的后果是土地养分流失、植被森林稀少，很多土壤已无法培育出其最初的产品，以及气候环境不断恶化（于光远，1984）。

一、生态与文明的逻辑关系

格罗特菲尔蒂（Glotfelty）和弗洛姆（Fromm）于1996年进行广泛深入的研究之后表示，生态可以指相互依存的共同体，也可以指完整的系统及其内部各个因素间的紧密关联。钱正英等（2005）指出生态是与生物有关的各种相互关系的总和。张贡生（2013）将生态阐释为不同生物间、生物和环境间的内在关联及存续形式。截至目前，很多学者都对生态这一概念进行了不同的阐释和论述，譬如有的学者赋予了其可持续、和谐等符合新时代发展背景的积极价值理念，也有很多学者提出了一系列以生态为修饰词的新术语，比如生态伦理、生态工业等（王爱国，2017）。

文明一词并非新词，早在中国古代就已被提出，《易经·乾卦》首次记载了文明一词，即“见龙在田，天下文明”。在后续编著的一系列著作中也出现了“文明”一词，比如《尚书》，其中有这样一句话：“俊哲文明。”《闲情偶寄》明文记载：“辟草昧而致文明。”在西方，文明意指城市的居民的行为方式与社会习俗。学者米拉波（Mirabeau，1756）在进行广泛深入的调查分析后独立编撰了《人口论》一书，在此书中，他将文明阐释为行为方式、社会习俗等，强调重视礼仪措辞等（王佩莉，袁志英，2009）。现在，文明一词已被赋予了更丰富、更深奥的内涵。其中，郭建（2008）将文明视为刻画人类社会发展程度的重要标尺。徐春（2010）表示，文明反映了人类发展的一种状态。陈炎（2002）认为，文明主要指的是人类在生存和发展过程中通过科学、技术等各种各样的方法构建并改造客观世界，利用法律、道德等方式对群体的言行举止进行约束，依托宗教、艺术等多种不同形式科学合理地调节人类的情感，以期在满足自身需求的基础上，尽可能地实现全面发展。张捷（2012）认为文明主要由两部分构成：一是人类改造世界过程中取得的物质成果；二是取得的精神成果，它客观全面地反映了人类社会发展进步的程度。

事实上，“生态文明”这个术语充满了中国特色，它非常符合中国人的表达习惯（王爱国，2017）。伴随着改革开放的持续深化，特别是党的十八大以来，生态文明被反复提起，已成为政治、经济等领域的常用词，学者也不断地在生态文明的概念上提出自己的看法和思想。叶谦吉教授曾明确表示，我国应着力推进生态文明，人和自然之间应和谐共存、共同发展，人类在生存和发展过程中从庞大的自然中谋取利益，也需要积极采取各种合理措施改造并爱护自然，在人和自然间构建起和谐友好的关系。刘思华（1989）明确表示，在现行制度环境下，如何全面满足民众需求是当前文明建设过程中亟待解决的问题。刘俊伟（1998）表示，生态文明就是改善人与自然、人与人的关系，主要涉及构建严谨规范的生态运行机制与合理高效的生态环境，及其在物质、精神等方面取得的一系列成果。俞可平（2005）提出，生态文明主要指的是人类为满足自身需求而对自然进行改造和管控时，为促进人、自然协调发展而采取的各种方法及取得的各种成果。余谋昌（2006）总结生态文明是人类发展过程中形成的一种新型的文明形式。陈瑞清（2007）认为，生态文明是人类社会继原始文明、农业文明和工业文明以后的第四种文明社会形态。邓翠华（2009）指出，生态文明是人类在综合考虑各方面因素之后确定的一种有别于传统的生存及发展模式。张秀和张国平（2009）点明，生态文明可被看作社会文明在自然环境中的一种发展和完善。

然而，这就有个值得我们深思的问题了，那就是“生态文明”这一概念是突出“生态”，还是注重“文明”，又或者是两者兼而有之呢？换言之，两者是属于偏正关系，还是并列、关联关系呢？客观而言，生态侧重于自然性，而文明则比较强调劳动性，两者往往并非相互交叉的关系。若两者等量齐观，则存在着主次不分的情况，有悖于下定义的逻辑。若将其看作“文明的生态”，则表示自然界中的某个地方或者某片区域还有“不文明的生态”，另外，将凝聚了人类汗水与智慧的“文明”黏附于强调自然性的“生态”上也不符合常规逻辑（王爱国，2017）。所以，生态文明应被理解为“生态的文明”，以“生态”修饰或限定“文明”，落脚点在“文明”，与生态刻画的人与自然的和谐关系相适应，这是一种关系性概念，不存在实体性内容（曾繁仁，2015）。也可看作“文明的生态化”，不过，我们需要正确认识到，此处的“生态化”并非只指生态学范畴的生态化，它应该包含了所有“文明”活动的价值理念、目标愿景，着重突出了彼此依存、共同结合的发展过程（王爱国，2017）。也就是说，文明始终是一种属人的主体状态，人们造就历史也造就文明（任平，2014），只要人类存活于地球上，那么文明之主体的地位就不会被撼动。换言之，生态文明从根本上来讲属于人的文明，在生态文明中，人始终发挥着至关重要的主体作用（黄蓉生，2013）。

强调“文明”的根本主体性，并非表示不认可“生态”的主体性及其作用。某些人将“生态”“文明”视为两个“水火不容”的对立概念，在谈及文明时，生态不会被纳入考虑机制，在提到生态时，文明也不会得到重视，这种认知是片面的，也是机械的，根本不成立（王爱国，2017）。美国学者罗伊·莫里森（Roy Morrison，1995）认为，生态文明是社会环境与结构可持续发展，它应和社会政治制度的重建式变革相契合，体现“生态民主”。美国著名学者弗雷格·马格多夫（Fred Magdoff，2012）认为，生态文明应该是一种有利于人与自然、人与人之间和谐相处的社会文明，从而成为一个真正可持续的、生态健康的和谐社会。

在新时代发展背景下，生态文明被视为一种超越传统工业和现代文明的意识形态，它不仅延续着当代人类历史社会所有文明的发展历史和血脉、承载着各种文明的建设和发展成果，而且在本质上是人类文明的发展思想理念的重大转变和进步，这是一场对人类文明的根本发展转向的结构性改革，是当代人类对生态的困境或者是对生态结构性危机的唯一认识和解决之道。

二、生态文明的人与自然、人与人和人与社会的关系

生态文明是人与自然环境之间的文明关系。在生态文明中，人与自然的和谐关系是最基础、最根本的文明。首先，自然是一个相互联系的整体之网，人类是自然环境中不可或缺的重要构成（欧文·拉兹格，1998）。马克思和恩格斯则认为作为自然界中的重要一员，人在生存和发展过程中开展的各种物质、精神等活动均和自然界之间具有较强的关联。作为自然界孕育的“成果”，人是在其当前所在的生态系统及自然生态系统中共同发展的。人类及其大脑、血液等均融合于自然之中。其次，自然界是人类生存与发展的重要前提。人的生存高度依赖自然界。若失去了自然界，人就无法开展一切创造性活动。人类社会系统与自然发生密切联系的表征，是人类与自然文明关系的体现，而人与自然的文明关系是一种对立统一的关系。人从自然界分离出来时，就与自然界形成了对立和统一的关系。从历史上看，文明的发展具有层级性，即由低层级逐步朝着更高层级的方向前进。在人类社会处于蒙昧状态时，狩猎活动是人类最基本的生存方式，这是建立在对动物捕杀的基础上的，也是以动物种群的减少、生物链条改变甚至消亡为代价的。当狩猎这种最基本的经济活动不足以满足日益增长的人口需要时，这种文明样

态就走向了终结，并由此迎来农业文明发展的曙光。农业文明是伴随着人类制造工具的进步而出现的一种新的文明样态，它主要依靠人类对土地的投入来获得植物营养以及喂养动物获得动物和肉类营养，来支撑人类社会的发展。这种文明难以避免的发展结果就是人口的过度增长所带来的环境问题，比如水土流失等，人类在自己发展的同时，毁坏了自己依存的家园。农业文明是建立在落后的科学技术和生产方式的基础上的，它必然会带来粗放式的发展结果和尖锐的人地矛盾。当农耕经济不足以满足人类的简单再生产和扩大再生产的时候，一种新的文明样态会再次被人类创新出来。工业文明是以市场化发展为主的新的文明样态，它依靠各种技术工具对自然资源进行开发和利用，人类逐步摆脱了自然对人类社会生产和生活的限制，并创造出更为丰厚的物质产品和强大的社会生产力。正是这种文明发展样态，奠定了人对自然的自信和胜利，也使掠夺自然、破坏生态成为人类所熟悉的生产方式，但这种生产方式在危害自然的同时，也在威胁和削弱人类自身生存发展的根基，人和自然生态的矛盾日益尖锐，生态危机一触即发，生态系统脆弱的几近崩溃。幸好，人类终于幡然醒悟，开始从维护自身生存的立场，倡议大力建设和发展生态文明。人类在创造物质、精神、政治和社会文明的同时，也创造出人与自然界的生态文明。因此，生态文明应表现为改善生态系统，使生态环境优化，促进人与自然、社会系统以及生态系统的和谐，这是由人的本质决定的。

一些学者认为，人与自然关系的文明主要由人与人的关系的文明决定。王雨辰（2013）在对生态危机进行探讨和分析时表示，它从表面上来看是人与自然关系的危机，但其实并非如此，从根本上来讲，它属于人与人的关系的危机。所以，在推进和建设生态文明时，我们不单单要科学合理地处理人与自然的关系，也要积极协调人与人的关系。李德顺（1998）表示，人看待自然界的态度及方式其实就是人类看待其自身的态度及方式。人和人之间的关系的本质是人对其改造的关系。著名学者欧文·拉兹洛（2004）在进行广泛深入的调查研究后表示，人类生存的极限并非取决于自然资源的充裕度，而是取决于人的内心，即取决于人们对生活态度、生存方式的选择。如果贪得无厌成了一种美德，幸福个人主义则会全面取代传统的社会价值观，那么人就不可能摆脱利己主义和中心主义，进而对自然的控制就不可避免地转变为对人的控制，人与自然关系的同一性和价值平等性就不可能根本实现。然而，若人们能够有节制地获取经济收益，不受金钱、情欲的控制，并能通过限制自身的活动，使人与自然之间的关系不至于受到损害，那么人与自然就能和谐共生、融合发展，就能实现人的全面成长和自然界的真正发展。

人和人的关系的文明最终表现为人与社会关系的文明。其实，所谓的人与社会之间的关系，归根结底是一种人与人交往的关系。社会一词最初的含义是伙伴，之后，其含义得到延伸，用于表示人和人之间相互联系的一种关系。马克思和恩格斯认为社会是人与自然界的本质的统一，唯有在社会中，自然界才是人存在的基础。另外，社会是由人组成的，此处的人并非单纯指活生生的个体，而是强调人和人之间借助各种各样的互动而构成一个规模庞大且规范有序的社会性群体。人的本质不是单个人所固有的抽象物，在其现实性上，它包含了所有的社会关系，其中，就涵盖了人与人之间的社会联系。从个人到社会的整体化运动并非一蹴而就，这是一个相对漫长的过程，个人要想挖掘潜能、实现价值，就需要将其实践行为纳入社会范畴之中（段智德，2009）。而这就意味着，应在以人与人的社会关系为中介的前提下，借助制定法律制度等方法对人们的言行举止进行规范和约束，从而使人与自然构建和谐友好的关系（陈筠泉，2014）。

人与自然、人与人、人与社会的关系的文明是生态文明价值追求的最高境界。人与自然的关系的文明是人与人、人与社会关系的文明的基本发展目标和指向，也是生态文明的终极目的。人与人的关系的文明是人与自然、人与社会关系文明的本源，是生态文明的归因。人与社会关系的文明则是人与自然、人与人的关系的文明的集中反映，是实现生态文明的基本保障。三者是通过人类的劳动联系在一起的，从而构成了一个相互依存、相互关联、相互影响的系统而完整的生态文明的价值体系。

综上所述，生态文明是一个比较宽泛的概念，涵盖了人与自然、人与人、人与社会的关系，是人类与自身、自然、社会的时代性文明。其中，人与自然关系的文明由于人类开展的活动及其实施的行为而受到人与人、人与社会关系的文明的影响，不过，它也会对人对自身、人对自然和社会的价值态度及其行为的选择产生较为深刻的影响。正如许斗斗（2011）所阐述的妥善处理人与自然社会关系的文明是生态文明的初衷，生态社会文明的建设与发展并非强调以人类为中心，它指的是人类在尊重自然规律的前提下开展科学合理的实践活动，可理解为人类为满足自身需求或者实现特定目标，而按照当前时代性文明，采取合理方法改造和改善自然界。

三、生态文明与发展的关系

自然条件、技术条件和社会经济条件是构成人类文明发展的三大要素。人类文明的发展过程对人类社会特定历史阶段的基本要求是具体的，不是抽象的，因此我们必须处理好人类文明发展过程中各个基本方面之间的相互关系。首先，人类文明发展过程是人类社会客观世界不断前进的过程和结果，是人类社会不依赖于现代人的观念和意志而进行运动和转移的客观规律，也是人类社会历史发展的永恒主题。其次，人类社会的产生和发展不是抽象的，而是具体的。因而，特定历史时代的人类文明发展总是具有特定的发展目标及内涵的，它既不能完全超越这个产生和发展的客观世界层次，也不能完全忽视这个发展的客观世界要求。再次，人类文明发展的生态文明在本质上是以能够满足现代人的自身利益和需求为主要发展目标。因而，发展过程既是一个客观的世界过程，又是一个自觉的主观世界过程。我们不能完全忽视现代人的自身利益、理念、意志、能力、偏好等各种客观因素对人类文明发展的进程及结果的直接影响，也不能随意扩大人的主观因素对发展的影响，以防这些发展超出自然和社会对人类需求的承载能力，酿成生态危机和社会危机。另外，人类文明的发展始终是以自然界为基础的，它对自然界有着高度的依赖。这就意味着支撑人类文明发展的自然资源必然是有限的，而且随着人类文明发展的日益深化，资源的稀缺问题会日益突出，资源对社会经济发展的可持续性支持问题也会愈发突出，所以我们必须重视人类文明发展和自然之间的相互支持和支撑，避免过度的资源和能源消耗，维护人类文明发展的空间。最后，处于不同发展阶段的人类社会，由于发展条件和基础不同，发展诉求和发展观不同，发展的重心和层次也不同，发展的瓶颈和发展的困难就更不同。因此，不同历史时期的发展，其发展的目标、过程及结果也具有较大差异。社会的发展方式自然地呈现出既具有一定历史的连续性，又具有一定的历史间断性和历史跳跃性的态势。总而言之，发展方式是人类、自然和文明永恒的主题，客观来讲，人类不仅是发展的主体，而且也扮演着客体的角色。社会文明发展实践不仅是人类社会生产实践，而且是人类社会生活实践，以及在自然环境条件中的自我发展的实践，其根本目的在于促进人类进步及社会综合发展。人类文明发展的主体和外部环境一般是人类自然发展条件、技术发展条件和其他社会经济发展条件的综合，而人类社会的基本生产、交往、交换、分配关系与社会的基本生产结构、产业结构、消费结构等社会经济结构则是构成人类文明发展方式的内部决定因素。所以，人类文明发展的方式及其发展进程必然直接受到了经济、政治等多种因素的影响与阻碍。经济社会的结构和发展方式的形成和转变必然直接受生产关系的社会经济属性、政治体制的基本结构、发展的核心价值和理念、生产要素的稀缺和匮乏程度、科学信息技术的应用和发展阶段等的影响。

总体而言，发展是指具体反映人类历史的实质性发展。生态环境状况是人类发展活动方式的直接映射，它是人与自然的生产和社会之间的能量的交换过程，亦是人与自然之间的一种物质上的能量交换过程。这个能量交换过程本质地体现和间接地反映着人与自然的社会关系，也从根本上直接反映了自然与人的社会关系。也就是说，生态环境的发展活动状况其实是人类发展活动方式的一种直接映射。马克思对生产方式与社会生态环境之间的关系做出了深刻的论述和剖析，他认为在特定的人类发展活动方式下，人与自然的关系并不具有抽象性，严格来讲，它是特定历史和现实关系的相互统一。从客观意义上来说，不同的人类发展活动方式，决定着不同的人与自然的关系，从而间接造就不同的生态环境。生态环境的状况映射着自然与人类发展活动的一种社会状况，其更为具体的意义是发展方式映射着自然与人的一种发展活动方式。所以，生态文明说到底就是一种自然的产物、社会的产物和社会环境的文明。

四、生态文明时代

作为一种随着时代发展、人类思想觉悟而形成的新文明形态，生态文明明显有别于先前的其他文明，比如农业文明、工业文明等。相对于将农业文明定义为“黄色文明”，工业文明定义为“黑色文明”，部分学者将生态文明理解为“绿色文明”（江山，2000；贾峰，2007；范和生，刘凯强，2016）。从20世纪90年代起，国内学者开始将目光聚焦于生态文明并对其展开全面深入的探讨和分析。其中，申曙光（1994）等学者表示，随着工业文明浪潮的持续推进，其任务已基本完成，目前正逐步走向没落，而生态危机则是工业文明没落的重要反映，生态文明将逐步成为未来社会发展中不可阻挡的主流文明形态；作为一种明显有别于其他文明的新的文明形式，生态文明是随着时代进步、人类发展而形成的一种目前最高级、最合理的文明之一。余谋昌（2007）在回顾历史发展的基础上，将人类社会发展的整个历程大体划分为四个时期：渔猎社会是前文明时代，农业社会是第一个文明时代，工业社会是第二个文明时代，而生态文明时代则是第三个文明时代；工业文明已经过时了，生态文明取而代之，成为符合社会发展的新文明。目前，这种关于生态文明的“文明新形态”论仍然相当盛行。例如，王雨辰（2019）表示，生态文明超越了工业文明。

然而，汪信砚（2020）认为上述这种关于生态文明的“文明新形态”论是难以成立的，生态文明不是也不可能是一种新的文明形态。所谓生态文明，其实就是生态化的文明，或者说是使现有的工业文明生态化。所谓的文明，就是指导人类在进行改造客观世界的经济活动过程中，所取得的人类物质生产活动成果和人类精神生产活动成果的综合结果。人类物质生产和精神生产活动成果是指导人类改造客观世界的理论和实践的最基本技术形式，而传统农业生产和传统工业生产又是指导人类进行物质生产和精神活动的两种基本的形式，人类正是在农业生产和工业生产这两种最基本的物质生产实践活动中先后创造了农业文明和工业文明。而人类改造世界的活动是借助于一定的技术手段来进行的。技术是人类改造世界的工具和方法的总和，人类文明的起源和发展，是始终与技术发明和技术进步紧密联系的。在新石器时代，人类开始使用磨制石器，发明了农业和畜牧业，由此从野蛮时代步入文明时代，即开创了农业文明。18世纪，以蒸汽技术的发明和应用为标志的第一次工业技术革命令人类进入工业文明时代。诚然，先前的工业文明都是在牺牲生态环境的前提下发展起来的。但工业文明也并没有衰落。实际上，随着技术的变革，工业文明本身也在不断地转型升级。目前，生态技术的应用已经催生了初具规模的生态产业体系，包括生态农业、生态工业等。这类生态技术的进一步发展和大规模应用，能够将“黑色文明”转化为“绿色文明”。作为新的工业技术，生态技术的广泛应用及其前景表明，生态文明代表了工业文明的未来发展趋势。也就是说，生态文明并不会终结或超越工业文明，它只会赋予工业文明以全新的面貌，使工业文明绿色化。而如果离开了工业文明的基础，特别是如果没有作为新的工业技术的各种生态技术，生态文明就永远只能是一种空中楼阁。

邱耕田（1997）表示，生态文明主张人类在生存和发展的过程中不仅要改造客观世界，还要增强自身的责任意识，积极保护和关爱客观世界，着力协调人和自然之间的关系，并以此为基础在物质、精神等方面取得了一系列成就。汪信砚（2020）认为人类对“改造客观世界”的理解是非常狭隘的，似乎人类改造客观世界就只能是“征服”甚至“破坏”客观世界。其实，人类改造客观世界也涵盖了对自然生态的保护与关爱，也强调了对人类和自然关系的优化，主要是通过完善和优化农业生产和工业生产来实现的。当然，在工业文明成为人类文明的主导形态以后，农业生产日益被工业化，农业生产活动及其成果逐渐成为工业文明的有机组成部分。在这种情况下，作为人们完善和优化农业生产和工业生产的成果，生态文明是从属于工业文明的。也就是说，生态文明是在工业文明的基础上并且是在完善和优化工业文明的过程中产生的一种依附性文明，它本身并不是一种独立的文明形态。生态对人类文明的最大核心价值和要义在于实现人与自然的和谐与共生，建设生态文明的关键在于完善和保护自然、优化人与自然的活动关系。但是，完善和保护自然、优化人与自然之间活动关系的社会生产活动只能在人与农业的生产和工业生产的活动之中，人与自然的和谐与共生也必然只能通过完善和保护人与农业的生产和工业生产活动关系来实现。

总而言之，生态文明的发展反映了生产关系与生产力的变化趋势，这是一种主张维护和关爱自然、强调人与自然和谐共处的文明形态。生态文明作为一种人类文明的实践活动，它本真地体现了一种人与自然的融合、顺美、和谐的社会关系；作为一种生产关系，它既本真地反映了人与自然人之间的物质利益关系，又清晰全面地揭示了人与自然、人与社会之间的统一关系；而作为一种社会生产力，它不仅细致地反映了人类实践能力，又本真地体现了自然的承受能力和对社会的自我容忍和控制能力。生态文明的发展是建立在人类社会的农耕文明、工业文明和现代信息社会深入形成和发展的坚实基础上，总结提出的新的文明发展样态；是在总结过往一切文明成果的基础上，让人类工具使用和价值理性达到高度和谐的体现。在生态文明发展的新阶段，人类将以更加积极的姿态，变革发展方式、优化生态环境，满足生态环境发展的客观要求，将人类社会的发展与自然世界的发展进行科学的统筹与规划，从而建设一个生态文明、社会和谐、国家发展、民族进步的和谐世界、美丽世界。

第二章　生态文明建设

在中国共产党的正确领导下，我国国民经济近年来保持着强劲的发展态势，并已成为全球第二大经济体。但是，在推动我国经济继续保持快速增长的同时，也出现了自然生态环境持续恶化的问题。自然和生态环境的退化以及自然和生态系统的失衡，破坏了人们赖以生存的自然环境和生存空间，威胁到了人们的健康和生存安全，甚至引发了一系列生态危机。由此，生态环境的问题逐渐引起了人们的重视，人们开始积极探索自然环境退化和生态危机的主要原因及其解决和治理之道，为了有效地促进自然和人类文明的繁荣和可持续发展，我们在确保人类在大自然中生存和繁衍的同时，也要努力保证其他生命和个体的生存和可持续发展。

在经济和社会不断发展的过程中，我国的生态与环境保护体系遭到了破坏，这阻碍了社会和经济的进一步健康发展。如何避开资本主义国家“先污染、后治理”的老路，实现社会和经济的可持续高质量健康发展和实现生态环境保护的“双赢”，成为我国新时代迫切需要研究和解决的重要课题。生态环境被破坏，与人们对美好生活的追求和期望背道而驰。如今，我国政府也逐渐意识到保护生态环境对社会和经济可持续发展具有重要的现实意义，因此在不断地完善相关的政策法规。人们的生态环境保护意识正不断觉醒，众多的媒体、社会公益慈善组织以及广大民众纷纷开始行动。基于此，党的十七大在全面审视国内外发展局势的基础上提出了“生态文明建设”的倡议。党的十八大对“生态文明建设”思想进行了详尽的阐述，这使我国推进生态文明体系建设的力度和工作强度达到空前高度。党的十九大把美丽中国作为建设社会主义现代化强国的重要目标，并在党的十九大修改通过的党章中增加“增强绿水青山就是金山银山的意识”等内容。党的二十大报告再次明确了新时代我国生态文明建设的战略任务是推动绿色发展、促进人与自然和谐共生。

生态文明建设整合了“生态”和“文明”两大基本概念的内涵，其中核心的概念就是要处理和统筹协调人与自然的和谐与发展关系，在保护人类生存环境的基本前提下、在和谐发展的基础上改善人类生态环境。其中，“生态”反映的是自然界的基本存在和发展状态；“文明”反映的是人类与社会的协调和进步的状态；“生态文明”反映的是人类在认识世界、改造世界的进程中与自然环境协调以及和谐发展程度的文明状态，其根本的要义就是研究如何处理和统筹好人与自然的协调与和谐发展。

习近平生态文明思想的形成和持续发展都必然是根植于中国生态现实土壤的。该思想以社会主义生态文明自然观念体系为理论基础、以“绿水青山就是金山银山”科学论断为生态文明建设实现的路径，统筹开展山水林田湖草生态系统综合治理，以推动构建人类命运共同体为核心的国际责任担当，强调要在生态文明的建设中体现中国共产党的最高领导、人民的主体性和美丽中国的协调统一。推动美丽中国建设的发展是一件关乎中华民族千秋万代的历史大事，必须严肃对待。高度重视生态文明建设刻不容缓，我们不能以任何理由和手段来破坏生态环境。生态文明建设势在必行，它是我国“五位一体”总体布局的重要“一位”，其主要内容应当包括对自然资源的节约、环境的保护和绿色生态的建设。具体来说就是要以落实科学发展观原则为主要理论指导，以促进生态系统的可持续发展为主要发展目标，形成有利于人与自然的全面、协调和健康的可持续发展。

第一节　生态文明的概念

在社会实践过程中，人们在处理人与自然、人与人，以及人与社会的关系时，所取得的一切积极、进步的成果的总和称为生态文明。生态文明，普遍被认为是人类文明的下一种发展形态，它将像农耕文明代替原始渔猎文明，工业文明又代替农业文明一样，成为后工业文明的发展形态。一般而言，生态文明是指和谐美好的、可持续发展的环境和条件，良性发展的经济和产业，健康有序的、可持续发展的机制和制度，科学向上的可持续发展意识和价值观念，协调创新的可持续科学技术，以及由此保障的人的自由、全面、充分、和谐发展和社会的全面进步。简单来说，生态文明包含着所有与生态环境问题相关的实践成果和理论成果。同时，要把握生态文明的科学内涵，就必须坚持生态文明与可持续发展战略、人与自然和谐发展的辩证统一关系。

张慕津等（2008）阐述了生态文明的定义，即生态文明是人类遵循人与自然社会和谐发展的客观规律所取得的物质精神成果和制度成果的总和，是人与人、人与社会和谐共生、良性循环、全面发展、可持续发展、繁荣兴旺的文化伦理形态。张清宇等（2011）认为生态文明有着十分丰富的内容，它主要包括生态意识文明、生态制度文明和生态行为文明三个方面。

第一，生态意识文明。在生态文明的社会形态下，社会一般都有进步的生态意识，进步的生态心理和进步的生态道德。具体来说，人们不再只追求财富的增长，也不再以争斗为乐，这体现了人与自然平等、和谐的价值取向。

第二，生态制度文明。生态文明的社会需要有相应的制度来保障，这包括生态文明社会所要求的制度、法律和规范。其中，各个利益相关者，包括政府、企业、公民都遵守生态文明的规范。此外，生态制度文明，不仅是对企业和公民的约束，也是对政府的约束，如政府要简政减税等。

第三，生态行为文明。生态行为文明是在一定的生态文明观和生态文明意识的指导下各利益相关者在生产生活实践中推动生态文明进步发展的活动。例如，政府降低行政成本、减少投资失误、制止腐败等。厂家实施的经济活动包括清洁生产、循环经济等节能减排活动。市民要倡导环保的、简朴的生活方式等。

在特征上，生态文明具有统领性、系统性、相对性、紧迫性和过程性等特征。一是统领性。作为工业文明之后的文明方式，生态文明统摄于生态文明社会中的物质、精神和政治文明。二是系统性。生态文明的基本思路不是只考虑其中某一环节的单项指标，而是社会整体系统优化。在这个系统中，人们必须清楚地认识到哪些是约束性因子，哪些是限制性因子，哪些是优化性因子等，从而实现整个社会系统最优化。三是相对性。与工业文明相比，生态文明是一种较高的文明形态，我们不能说生态文明是最高或最终的文明形态，但它确实是人类目前所知的相对最高的文明形态。四是紧迫性。生态文明是人类在工业文明时代濒临危机时的一种选择，是人类工业文明快要走到尽头不得不做出的选择，如果不尽快进入生态文明社会，就会有许多发展中国家重复发达国家的发展道路，那生态环境将不堪重负，这将是整个人类的灾难。五是过程性。生态文明是近年来才提出的新概念，如今还处在不断探索、不断修正的过程中。

第二节 生态文明建设的含义

生态文明是充分发挥人的主观能动性，按自然规律和社会规律建立起来的人与自然、人与社会良性运行、和谐发展的社会文明形态。生态文明建设就是要树立生态意识，并以生态意识为指引，建设发达的生态产业、良好的生态环境和健康的生态生活方式。同时，生态文明的建设既包括增强人类保护自然环境和生态安全的意识，加强法律、制度、政策的建设；也包括加强维护生态平衡和可持续发展的科学技术发展，提高组织结构和实际行动的建设。

生态文明作为人类文明的一种高级形态，是人与自然关系的一种新形态，也是人类文明在全球化和信息化条件下的转型和升华。人类本身就是自然生态的重要组成部分之一，我们建设生态文明，归根结底也是为了人类自身的利益。良好的自然生态环境，是人类幸福生活的重要因素。因此，在生态文明建设的过程中，人类自身是生态文明的主体，处于主动而不是被动的地位。生态文明建设，绝不是人类消极地向自然回归，而是人类积极地与自然实现和谐相处。人类既不能简单地去“主宰”或“统治”自然，也不能对自然采取消极的、无为的态度。

换言之，“以人为本”既是科学发展观的出发点，也是我们生态文明建设的出发点；最大限度地实现人类自身的利益，正是我们建设生态文明的最终目的。

生态文明建设是继物质文明建设、政治文明建设和精神文明建设后提出的又一个文明形态，它与另外三者是不可分割的整体。一方面，物质文明、政治文明和精神文明离不开生态文明，即没有良好的生态环境，人类就不可能拥有高度的物质享受，也不可能拥有高度的政治享受和精神享受。如果没有生态安全，人类自身将会陷入严重的生存危机之中。从这个意义上说，生态文明是物质文明、政治文明和精神文明的基础和前提，没有生态文明，就不可能有高度发达的物质文明、政治文明和精神文明。另一方面，作为建设生态文明主体的人类自身，必须将生态文明的内容和要求内在地体现在人类的法律制度、思想意识、生活方式和行为方式中，并以此作为衡量人类文明程度的标尺。也就是说，社会主义的物质文明建设，内在地要求社会经济与自然生态的平衡发展和可持续发展；政治文明建设，内在地包含着保护生态、实现人与自然和谐相处的制度安排和政策法规；精神文明建设，内在地包含着环境保护和生态平衡的思想观念和精神追求。

第三节　生态文明建设的理论逻辑

文明通常与野蛮相对立，而生态文明一般是指人类在改造生态世界的活动和社会实践中所创造的各种物质经济成果和各种精神文化成果的总和，它反映的是人类经济社会的发展和进步的程度。文明的发展演变不是一蹴而就的，而是经历了对生产力和生产关系的不断调整与相互适应才进一步演变和提升的。生态文明建设是继原始游牧文明、农业文明和工业文明三种文明后，社会主义文明发展进入一定历史阶段的第四种高级人类文明。生态文明建设的根本目标是在尊重自然发展规律的基础上，通过节约资源、保护环境等措施全面构建生态环境友好型社会。亦可将其理解为如何正确处理人与自然、生态文明与现代文明、生态文明建设与促进新时代社会和谐发展的三个方面的关系（谷树忠 等，2013）。生态文明建设既是我们党追求的实现人与自然和谐共生现代化的憧憬和梦想，也是我们党继党的十八大首次将生态文明纳入“五位一体”中国特色社会主义总体布局之后，从全面推动美丽中国建设，所要实现的事关社会生产方式、发展方式、价值理念、制度体系全方位立体化全过程全地域绿色转型的“绿色革命”。

生态文明建设是一项系统而复杂的伟大工程，需要多方的整合协同和积极参与，其中，政府、企业和个人是关键。政府是生态文明建设的引导者，它在生态文明建设中的理念、政策、制度、设计是否科学合理直接关系到生态文明建设的成败。企业和个人是生态文明建设的践行人，企业的生产方式是否绿色、低碳、循环，直接影响到生态文明建设成效的高低；个人既是生态文明建设的间接推动者也是生态环境破坏的受害者，其消费方式是否简约、节俭直接影响着企业和社会生产方式绿色化程度的高低。

生态文明建设的实质、目的是准确认识并合理协调人与自然之间的辩证统一关系，也就是将自然的因素作为人类社会基础性的因素直接纳入人类生态学和自然文明的系统中，通过正确把握人与自然之间的密切关联、同构互变的关系向度去正确理解和实现人与自然、人与人、人与社会的关系的一致性和互动性。最终通过促进自然环境或生态系统的持续性改善，推动人类社会稳健化、有序化、高效化发展。也就是说，在物质层面上，我们要摒弃西方发达国家“征服自然”的野蛮发展方式。在精神层面上，我们应积极打破自然、人与社会之间毫无关联的错误认知。唯有尊重自然发展规律并爱护自然，方可促进“人化的自然”和“自然的人化”之间实现高度统一。

但目前的问题是，生态文明建设究竟应该从哪些方面着手呢？罗尼·利普舒茨（2012）曾明确表示生态现代化若要顺利实现预期目标，还需要涉及更多不同的内容，而并非只需要新技术。此外，它不仅需要变革资本主义经济体制，还需要调整经济目的，即财富的无节制式扩张。大量现有迹象表明，生态文明建设中面临的最严峻的考验来自社会和政治层面，而非科技、经济层面。所以，本书认为，生态文明建设应从以下三个方面着手：

一是务必要增强生态意识。生态意识的唤醒与增强是推动生态文明建设与发展的重要基础。换言之，我们要认可自然的内在价值是自然第一价值的理念，也要正确认识到，自然界既包含了人类生存和发展过程中需要的价值，也涵盖了更全面地满足人类多元化、个性化需求的多层次的“转换价值”（诺顿，1995）。因此，我们必须改变以人的价值、需求和潜力的发展为中心的纯粹“人类中心主义”观（肖显静，2003）。例如，柯林武德（1999）提出，要从根本上改变传统认知，应将自然界视为是一个完整的有机体；雷毅（2000）认为人类以外的存在物，无论是否具有生命，都只具有工具价值。事实上，人类是一种自然存在，与自然中的万物共存（阿诺德·伯林特，程相占，2008）。唐·伊德（2012）明确表示，人类无须凌驾于其他的物种之上。詹姆斯·拉伍洛克（2007）曾指出，地球是一个有生命的星球，各种物质、各种生物共同组成了一个庞大的生态系统。佐佐木毅和金泰昌（2009）在进行广泛深入的研究后指出，人类无法独立存在，他们高度依赖于其他生物。罗德里克·弗雷泽·纳什（2005）指出，非人类的存在物其实和人类并无不同，它们在生态系统中也占据着至关重要的生态位，有特定的生存目标，也拥有生存和发展的基本权利。因此，自然界在向人类提供价值的过程中，也应为非人类提供一定的权利（余谋昌，1997）。我们应完全摒弃原来的机械论的理念及自然观，充分认可自然的主体地位，不仅要认识到在人类发展中，自然发挥着重要的主体作用，是人类赖以生存的重要基础；而且要正确认识到，自然规律的普遍存在以及自然资源的有限性在一定程度上制约了人类实践活动的开展（殷培红，2012），因此我们更应促进自身人格完善，形成健康积极的价值理念。

二是要尽快修复被破坏的生态系统。我们应通过大量的生态型资本劳动投入，使已受损的生态系统在最短的时间内得到恢复。这就要求人们调整当前的生产模式，打破大量机械化生产、劳动消费以及追求利润、让自身利益增值的资本逻辑，在保护环境的条件下，生产人所必需的东西，促使人的潜能得到深入挖掘和充分发挥，帮助人们获得更多的收益（岩佐茂，韩立新，2002）。众所周知，正确处理人与自然的互动关系必须以维护自然生态系统的整体利益为最高的价值。从20世纪70年代开始，全球便逐渐进入生态超载状态，并在人类数量持续增长的发展形势下，工业文明已基本达到极限（Rockstrom，Steffen，2009）。安东尼·吉登斯（2000）阐述，在生态文明建设方面，人类已别无选择，只能凭借减少人为的影响、降低负荷压力等多种合理手段修复自然生态系统，促使其逐步朝着良性发展的方向前进，切实地培养和树立起人类对待自然生态圈的新的意识和敏感度，并且逐步恢复人类与自然的互动和交流。此外，通过对自然生态的恢复、重建、改建、改良等多种途径来修复地球的自然生物圈，以实现人与自然、人与人、人与社会这三个主要自然生态子系统及其相互之间的生态系统平衡（李良美，2005）。

三是要尽快推行并实施生态科技发展方式。换言之，我们要理性使用科学技术等工具，力求人、技术、自然等各相关要素之间友好共存，以此充分彰显其系统性与和谐性的技术价值观（张鹏，张苗，2006）。学者贾雷德·戴蒙德（2008）表示，若要推进科技生态化建设与发展，应采取合理手段减弱或者消除科技带来的各种不良影响。迈克尔·贝尔（2010）明确表示，在科学技术迅猛发展且日臻成熟的背景下，人类正通过各种科学技术方法改变气候的侵蚀速度等。于是，当自然现状不符合人类的想法时，人类就主动整理自然；当人类缺乏事物时，人类就生产出新事物；在事物对人类的生存与发展造成不良影响时，人类就会想方设法地改造事物（宋祖良，1993）。因此，创新与完善生态科技是高效协调人与自然的关系的核心之处，既要在科技革命持续推进的浪潮中，积极引入并灵活应用生态学思想，全面细致地剖析科技发展对生态环境产生的积极影响和消极影响，又要在不断提高科技发展经济价值的过程中，高度重视环境清洁与生态平衡的生态价值（冯留建，2014）。

从本质上来讲，生态是一个重视对人类与其生存环境间的整体关系进行剖析的自然性经济体系。马克思和恩格斯在进行全面深入的研究后表示，经济发展，特别是物质生产，都是“历史发展的基本条件”，它们“对社会、政治等产生着较为深刻的影响”。若不承认经济发展是“第一历史活动”，只是盲目地追求生态发展，则与“缘木求鱼”无异。生态建设与发展并非是对经济建设中心论的修正和完善，而是强调对经济建设设定更严苛的标准（李周，2013），既在不阻碍经济发展、开发建设的基础上促进生态建设工作有条不紊地顺利开展，又不否认经济发展的重要性和必要性，同时也不排斥物质增长，而是主张生态优先原则，推崇“自我价值实现”的后物质主义（Abramson，Inglehart，1987）。但是，生态建设与发展也不只是将经济发展和生态发展尤其是生态保护绝对对立起来，片面地强调优先发展哪个方面，优先向哪个方面转向的问题。马克思和恩格斯指出物质增长虽然不是社会发展和进步的唯一标准，但依然是不可动摇的人类社会生存与发展的首要或必要标准，无论何时，人们必须首先满足衣、食、住、行，然后才能从事政治、科学、艺术、宗教等，这一基本现实需求不会变，也不可能改变。那种坚持生态优先、生态本位、反生产和反经济增长的所谓的“生态中心主义”，显然是唯心的、伪科学的。生态文明建设应考虑如何把经济发展与生态发展紧密结合与兼顾，重视人、社会与自然之间的辩证统一关系以及人的思想和社会理论对自然反应的真正联系的问题。

第四节　生态文明建设的价值论深思

一、生态文明建设的价值本位思考

生态文明建设的价值本位，就是明确在生态文明建设的过程中应该以什么为其价值本位。我国的生态文明建设主要涉及人与生态自然两个重要方面，其实质意义就是生态文明建设应合理协调并积极改善人与自然之间的关系，促进两者和谐共存，实现真正意义上的可持续发展。那么，建设良好的生态文明，到底是为了维护人类的利益，从而应该以人类为价值本位，还是为了维护自然界的利益，从而应该以自然事物为价值本位？换句话说，到底应该坚持“人类中心主义”的立场，还是应该秉持“非人类中心主义”的立场呢？

20世纪中叶以来，西方生态文明理论的主流观点一直都是非人类中心主义，其理论的表现形式主要包括动物的解放论、生物中心论等。这些西方生态文明观点认为，在强调保护自然生态环境、明确人在生存和发展过程中对自然承担起来的责任与使命时，我们并不是为了更全面、更有效地满足人类发展需求，也不是因为自然事物对于人类的工具价值，而是为了更好地维护自然界利益，以及自然事物有其特定的“内在价值”（汪信砚，2020）。在当代西方生态学和人类文明的理论，特别是对环境伦理学的研究中，这种基于自然的事物“内在价值”的说法非常流行。不过，霍尔姆斯·罗尔斯顿（2000）表示，自然的内在价值归根结底指的是部分自然情景独有的属性和价值，无须考虑人类意识，例如一只鸟儿不管有没有人在听它的叫声，它都会继续鸣叫；也就是说，在我们人类发现这些价值之前，价值就已经存在于大自然中很久了，它们的存在属性先于人类对它们的认识（霍尔姆斯·罗尔斯顿，2000）。刘湘榕（1992）举例论证表述，数字确实是存在于自然环境中的，同样地，审美情趣、美感属性等也普遍存在于自然环境之中，但是对数字的认识、对美感属性和审美能力的体验则在人类出现后才开始产生。奥尼尔指出，认同并支持环境伦理学的学者普遍认为，无论是非人类事物，还是自然界其他事物，它们均有其特定的内在价值（徐嵩龄，1999）。而在上述这些西方学者看来，既然自然事物本身具有“内在价值”，它们就应当拥有和人类一样的自由生存和共同发展的权利，也应受到人类的平等对待和尊重，人类不应有任何仅把自然事物视为实现自己目的的工具和手段的虚妄的优越感。西方生态文明理论认为，人类中心主义存在明显不足，具体表现为仅认可自然事物在历史及现实中对人类的工具价值，由此造成的后果是人类毫无节制地攫取自然资源，继而诱发当代生态危机；唯有彻底摒弃人类中心主义的价值理念，充分明确自然利益以及自然事物特定的“内在价值”，重视对自然事物的关爱与维护，才能从价值的“根”上保护生态环境，才有可能克服当代的生态危机。近年来，在中国生态文明理论的研究中，许多学者也沿袭了西方生态文明理论的主流观点及其非人类中心主义立场。许多学者认为，人类中心主义是导致工业文明变成“黑色文明”的最大推动者，也是诱发和加剧当代生态危机的根本原因。因此，我们要克服当代生态危机，建设生态文明，彻底推翻人类中心主义。

但是，在上述国内外的生态文明理论研究中，都认为以自然物为价值本位的非人类中心主义的立场存在问题，这在人类中心主义的理解上存在重大的错误。人类中心主义概念中的“人类”一词，既可相对于“非人类”，即自然事物而言，又可相对于“个人”和“群体”而言（汪信砚，2020）。相应地，在价值论的层面上，人类中心主义的概念包含了两层含义：第一层含义只指将人类长期的利益视为协调人与自然关系的重要基准；第二层含义指在协调和发展人与自然关系的过程中，人们始终将个人需求和利益作为首要考虑的价值思想。由此可见，前者是狭义的人类中心主义，这与个人中心主义、群体中心主义等强调维护个人利益、集体利益的价值思想相冲突；后者则为广义的人类中心主义，它不仅涵盖了狭义的人类中心主义，也涉及了个人中心主义及群体中心主义。不过，人类进入文明时代之后，受私有制经济制度的影响，狭义的人类中心主义并未被人们认可，也未成为指导人类实践行为的价值思想。在人们现实的实践活动中发挥重要作用的主要有国家中心主义、种族中心主义等。从历史层面来讲，在个人中心主义和群体中心主义占据绝对主导地位的环境下，各类利益主体为实现自身利益最大化和资本无限扩张，会通过各种野蛮、粗暴的方法攫取、抢夺资源，但他们根本不考虑其行为会对自然环境造成何种破坏，从而引起了当代生态危机。

从国内外生态文明理论研究的实际情况看，就是站在非人类中心主义立场上对人类中心主义的批判，其矛头所指的其实是各种形式的个体中心主义和群体中心主义，即将其带来的各种不良后果不加思考地判定为人类中心主义诱发并加剧了当代生态危机，很明显，这种认知存在较强的片面性，可谓管中窥豹。非人类中心主义表示，将人类中心主义视为引发当代生态危机的根源的主要原因是它会演变为人类沙文主义（刘湘榕，1992）。对此，英国学者海沃德（1998）做过分析和阐述，批判人类中心主义的主要原因是它只强调人类自身利益，并不考虑其他物种的利益，有时甚至会以牺牲其他物种的利益为代价。

在对西方生态文明理论的研究中，正是由于许多学者看到了非人类中心主义所批判和排斥的人类中心主义实际上只是各种不同形式的个体中心主义和群体中心主义，所以不少人都致力于对人类中心主义的理论重建。例如，美国学者诺顿（1984）全面否定“强人类中心主义”，但是高度认可“弱人类中心主义”。他指出，“强人类中心主义”盲目地强调满足人的主观需求与感性喜好，即当前可以通过某些体验得以满足的个体愿望或需求，只关心个体需要和眼前利益，将自然界视为可强制管控、任意宰割的对象，并能通过各种野蛮粗暴的方法索取自然资源，这显然属于人类沙文主义；而“弱人类中心主义”则表示，对人的感性喜好的满足往往会受到理性偏好的影响，而所谓理性偏好是指一个人经过深思熟虑之后才会表达的愿望或需求，这些愿望或需求与一种可以被理性接受的世界观相一致，所以，“弱人类中心主义”其实反映了人类的综合利益及长期利益。此外，佩珀的“弱人类中心主义”、墨迪的“现代人类中心主义”等是对人类中心主义的现代发展与完善，他们纷纷提出了与“弱人类中心主义”高度统一的理论思想（汪信砚，2020）。

学者在研究生态文明理论的过程中，认同并推崇非人类中心主义，这势必会出现不同理论相互冲突的情况。学者在对西方生态文明理论研究进行梳理和分析后发现，非人类中心主义的表现形式丰富多样，不过它们均将除人类之外的自然或自然事物视为中心。这种观点的不足主要表现为，作为生态文明理论研究关注的对象，自然或自然事物尽管不隶属于人类范畴，但这并不意味着它们和人之间毫无关联，相反，它们是人类生存与发展的重要基础。所以，生态文明理论研究中提出的非人类中心主义从根本上来讲是强调以生态环境为核心的，而这在理论上显然是相互冲突的。其实，生态环境始终是相对于人来讲的，它始终将人确立为中心，明确了以人类为中心的地位。实际上，人类中心主义的立场是无法被彻底超越的，若想彻底解决当代生态危机、全面建设生态文明，还需要超越或者完全脱离个体中心主义和群体中心主义，认同并推崇将人类的长期利益视为协调人与自然关系的重要基准的人类中心主义，即必须坚持以人类整体作为价值本位。若盲目地否定各种不同形式的人类中心主义，比如将人类的长期利益视为协调人与自然关系的重要基准的人类中心主义，势必会归纳出反人道主义或者反人类的无效结论。

二、生态文明建设的价值目标思考

生态文明建设的价值目标即建设生态化的文明，这必须通过以人类为价值本位的价值追求来实现。生态文明建设的价值目标即不遗余力地实现并维护生态正义。只有自觉追求生态正义，方可顺利实现生态文明的价值目标，使生态文明成为现实。所谓生态正义，就是所有人，包括代内所有人和代际所有人都能平等地享有利用生态资源的权利，同时又能公平地分担保护生态环境的责任和义务。布莱恩·巴里（2011）特别强调，不管在什么时代，所有正义理论的核心问题均无法跳出对人与人之间不平等关系的辩护。巴里对历史上各种正义理论的评价都敏锐地提示了正义理论的对象，即正义理论是研究人与人之间的社会关系，而正义是人们之间权利和义务关系的价值属性。

作为社会正义的表现形式之一，生态正义也同样是指人们之间权利和义务关系的公平、正当性，只是在这里人们之间的权利和义务关系是以生态环境为中介的。由于生态环境是社会物质生活条件的重要内容，任何人都必须生活在一定的生态环境之中，所以，以生态环境为中介的人们之间的权利和义务关系是一种涉及所有人的普遍的社会关系。

具体来说，生态正义具有两个不同的维度：一是代内正义，即同时代的所有人，无论其种族、民族、国籍、性别、职业、信仰、教育程度和财产状况如何，均可平等地享有生态权益，同时要公平地承担其相应的生态责任；二是代际正义，即每个时代的人都需要积极肩负着保护生态资源的重要使命，确保当代人对生态资源的开发与利用不会对后代造成不良影响。无论是代内正义还是代际正义，均明确了以生态环境为中介的人与人之间的权利和义务关系。值得注意的是，正义并不仅仅意味着享有某种权利，它还意味着担负相应的责任和义务，是权利和义务的有机统一。对于任何道德主体来说，如果只有权利没有义务，是没有正义可言的，其权利也不可能得到辩护和确认。总之，生态正义只可能有代内正义和代际正义两个维度，它们才是生态文明建设应有的价值目标追求。

三、我国生态文明建设的价值论

在中华人民共和国成立以后的30年间，生态环境问题日益凸现，50年代末至60年代初，由于“大跃进”和人民公社化运动使得以高指标、瞎指挥、浮跨风和“共产风”为主要标志的左倾错误严重地泛滥开来，不少地方毁林开荒、围湖造田等，使生态环境受到破坏，而支配和诱使这些破坏生态环境行为的正是追逐特殊的、当前利益的形式多样的个体中心主义和群体中心主义。改革开放以来，个体中心主义和群体中心主义对生态环境的危害又被资本逻辑空前放大。从新中国70多年的建设实践看，前30年我们基本上没有发展和利用资本，那时中国日益凸现的生态环境问题也与资本逻辑无关。后40多年我们改革开放，发展社会主义市场经济，积极利用和发展资本但又未能有效节制资本，致使资本逻辑不仅侵入社会政治生活，造成了一定的腐败问题，而且使原有的生态环境问题升级，从而出现了当代中国的生态危机。由此可以看出，西方生态学马克思主义认为只要废除资本主义制度就能走出资本逻辑，从而克服生态危机，这显然是把问题简单化了。事实上，虽然资本主义制度最集中地展现了资本逻辑，但它并不是使资本逻辑起作用的唯一社会条件。因此，无论是在何种社会，只要存在着资本，资本逻辑就必然会表现出来。在我国进入加快完善社会主义市场经济体制，推动形成全面开放新格局的新时代的今天，特别是在社会主义初级阶段、国际资本大量存在的条件下，资本逻辑也同样会发生作用。在这种情况下，要避免资本逻辑对生态环境的侵害，就必须特别重视节制资本。所谓节制资本，并不是完全消解资本逻辑，因为不按资本逻辑行事的资本根本就不是资本，而是要对资本逻辑加以限制。

显然，保护生态环境、克服生态危机是涉及国计民生的大事，节制资本自当包括不让资本的逐利活动破坏生态环境。而要有效地节制资本，实现生态正义、建设生态文明，仅有社会主义的根本制度是远远不够的，还必须建立一套能够切实保护生态环境的体制机制，包括严格的环境立法、完善的环境监管体制以及生态修复、补偿机制等。进入21世纪以来，建设生态文明日渐成为中国共产党的执政理念。党的十六大指出，全面建设小康社会的重要目标之一就是促进人与自然的和谐，推动社会稳健化、高效化、有序化发展，逐步进入“生态良好的文明发展道路”。党的十七大强调，建设生态文明是全面建设小康社会的重要保障。党的十八大首次将生态文明建设提高至战略高度，将其纳入“五位一体”总体布局，并明确指出要高度重视生态文明建设，将其和经济建设、文化建设等合理地融合在一起，共同构建美丽中国，实现中华民族永续发展。党的十九大指出要牢固树立社会主义生态文明观，推动形成人与自然和谐发展现代化建设新格局。习近平总书记在党的二十大报告中明确指出，人与自然和谐共生是中国式现代化的重要特征和本质要求。由此，生态文明建设的重要性日渐凸显，成为我国学界的一个理论热点。总而言之，我国高度重视生态文明制度体系建设，并制定、完善和实施了一系列关于生态文明建设的制度规定和法律法规，使我国生态环境保护的体制机制逐步确立和日趋完善。只有在社会主义根本制度的基础上充分发挥这些生态环境保护体制机制的作用，我国才能有效防范包括资本逻辑在内的各种个体中心主义和群体中心主义对生态环境的侵害，真正实现生态正义，使生态文明成为现实。生态文明建设从根本上说就是要倡导新型的发展方式，以生态文明的价值引导发展方式的转型，以发展方式的变革创造理想的生态文明。

第五节　我国生态文明建设存在的问题

生态文明建设并非一蹴而就的，这是一项极其复杂且周期比较长的系统工程，需要数代人的不竭探索和共同努力。当前我国生态文明建设取得了很大成就，但仍存在一些问题，这主要表现在以下几个方面。

一、政府作为生态文明建设的主导力量存在管理缺位

现阶段，作为生态文明建设与发展的重要主体，政府在生态文明建设方面占据着举足轻重的地位。但是由于政府具有较多的职能，很难集中精力进行生态文明建设。尤其是当前的政绩考核更多的是放在国内生产总值（GDP）增长上，生态环保在政绩考核当中所占比重较小，因此政府对粗放性的经济发展容忍程度较高，最终使政府在生态文明建设过程当中没有很好地发挥其主导作用，从而导致管理缺位。由于我国是公有制经济占主体地位的国家，想要单纯依靠市场的力量主导生态文明建设几乎不可能取得成功（蒋孝明，2018）。政府在生态文明建设过程当中可能存在管理缺位的情况，因此需要改变传统的政绩考核方式，转变激励机制，促使政府更好地在生态文明建设当中发挥主导作用。

二、市场竞争不够充分导致生态文明建设驱动力不足

作为生态文明建设中不可或缺的重要主体，政府的主要作用是制定法律和政策，规范个人乃至整个社会的行为，从战略层面上指导生态文明建设。但是，仅仅依靠政府的力量进行生态文明建设是远远不够的。生态文明建设离不开市场，充分且有序的市场竞争有助于企业积极革新和优化技术工艺，促进生产效率进一步提升，减少自然资源消耗和环境污染。但是从现实情况看，市场并不掌握资源、能源以及自然环境等生态要素的定价，过去，政府为了发展经济，有时会压低生态要素的价格，甚至默许企业采用粗放的生产方式。在这种市场竞争不充分的大背景下，企业往往缺乏创新的驱动力，更不会投入大量的资金去采用新技术和新的生产工艺（荣开明，2017）。

三、传统观念的固化导致生态文明建设参与程度不足

政府主导是我国生态文明建设，这有利于集中力量办大事，提高生态文明建设的效率。在政府政策的引导和制约之下，市场主体会主动或者被动地参与生态文明建设。但是大部分社会群体对生态文明建设的参与程度并不高。在国民经济迅猛发展的今天，人们的经济收益大幅增加，生活品质显著提升，有一部分人不再仅满足于物质生活水平的提升，开始追求更好的生活环境。但是，对于大部分群众来说，其生活的主要目标仍然是提高自己的物质生活水平，其本身并没有参与生态文明建设的热情（籍芳芳，2018）。我国是一个典型的农业大国，农村人口占比非常高，尽管近年来，大部分农民的经济收入水平显著提升，生活质量也明显改善，但是由于城乡二元结构根深蒂固，农民仍然缺乏参与生态文明建设的积极性。在传统文化的影响

下，无论城市居民还是农村居民，大都将生态文明建设当作政府的事情，与自己无关，因此也不会积极主动地参与生态文明建设。

四、生态环境与经济发展方式的矛盾日益突出

作为后起赶超型的发展中国家，长期以来，我国经济发展方式存在一定程度的重速度、轻效益，重指标、轻质量的粗放型增长的不合理状况。由于过去人们缺乏生态环境保护的基本经验和对自然环境的错误的片面认识，生态系统始终被认为是可以不断被征服和改造的对象，没有对其进行有效的环境保护。因而，在度过以牺牲环境来取得发展成果的短暂蜜月期后，进入 20 世纪 70 年代我国开始面临生态问题，并在 20 世纪 90 年代出现逐年加剧的情况。进入 21 世纪以来，生态问题越发凸显。这是一个既会影响当前公民健康，又会影响后代子孙健康的环境问题。

五、生态环境对经济发展方式的支持力度明显不足

随着我国国民经济总量的不断增加，人们对生活质量要求不断提高，人口基数也愈发庞大。这一转变决定了当前乃至今后一个较长的历史时期，我国都将受资源、能源短缺的约束，并面临环境破坏带来的压力。这也意味着如果我国再依靠过度资源、能源投入以及劳动力投入来创造财富，将会因为资源、能源、劳动力短缺而受到一定程度的影响。相关统计表明，我国已成为全球第二大能源消费国，对国民经济生活所需的石油、铝土、铁矿石、铜矿等战略资源、能源消耗的进口依存度较大。另外，我国一些资源、能源大省由于长期开采，造成某些地区的资源减少，环境质量下降。一些工矿型城市亟待发展方式的

转型，以应对未来可能遭遇到的失业、经济衰退以及养老压力。此外，无论对哪个国家和民族来说，都将而且必然面对的一个问题就是对于一些不可再生资源，大家必须节约使用、细心保护。因此，基于目前资源环境对我国经济社会发展存在的制约、资源环境承载能力日益不足的现实国情，我们必须通过不断调整经济结构，优化节能增效、加大对生态环保的技术投入力度，促进速度、结构与质量效益相统一，推动经济社会稳健化、长效化、有序化发展。

六、人与自然环境、社会关系紧张会影响和谐社会的建设

社会和谐是中国特色社会主义的本质属性，这不仅是社会主义优越性的客观反映，是社会主义建设应该长期坚持的基本目标，也是团结各族人民共同铸就复兴之梦的不竭动力。但是从目前我国经济社会发展的实践来看，我们离和谐社会仍有一定距离。我国一些地方的生态环境较恶劣，人们对生态保护缺乏应有的审慎态度，导致一些由生态灾害引发的群体性事件发生，从而影响社会的稳定。因此，转变经济社会发展方式，转变人与自然不可持续发展的状况，是十分必要的。彻底解决以往边治理边污染、边恢复边破坏的发展局面，已成为我们当前必须完成的任务，面对日益加剧的环境问题，我们要着力建设资源节约型、环境友好型社会。

第六节　生态文明建设的必要性

一、日益严峻的环境问题呼唤生态文明建设

随着改革开放进程的持续推进，我国经济近年来保持着迅

猛的发展态势，广大人民群众的收入水平大幅提升，生活品质得到显著改善。但我们也要正确认识到，近年来我们所取得的经济成就有一些是以牺牲自然资源为代价的。在民众生活品质显著改善的背景下，人们对生态环境的要求也日渐提高（俞海等，2018）。日益严峻的环境问题开始制约国民经济的发展，阻碍了人民群众生活质量的进一步提升。在这种大背景下，生态文明建设应运而生：在符合我国国情的前提下，大力推进生态文明建设，全面改善并优化生态环境，促进经济发展与生态环境保护双赢，二者和谐共存，是推动我国经济稳健、长效发展的必要前提。

二、贯彻落实科学发展观需要生态文明建设

传统的发展观往往更重视经济总量的增长，从而忽视了人们对生态环境的破坏和对自然资源的浪费。长此以往，虽然经济发展取得了一定的成就，但是随着生态环境的破坏和自然资源的枯竭，势必会导致人与自然之间矛盾的激化，进而制约社会经济的进一步发展。科学发展就是要以经济建设为中心，依靠科学提高发展质量，推动整个国民经济持续健康发展（周扬，2019）。在发展的过程当中，我们应尊重并适应自然发展规律，促进人与自然之间友好共存，使人民群众不仅能享受经济发展带来的物质财富，更重要的是能使人民群众在优美的生态环境当中享受发展带来的美好生活。因此，科学发展离不开生态文明建设。

三、构建和谐社会离不开生态文明建设

党的十九大表示，促进人与自然的和谐发展是构建和谐社会的重要手段。人与人、人与社会和谐共存的先决条件是人与

自然之间友好共存、共同发展，所以，要想构建社会主义和谐社会，就要着力于推动生态文明建设，只有人与自然之间的矛盾解决了，才有可能实现人与社会的真正和谐。构建和谐社会的前提是人们正确认识并自觉适应自然发展规律，在遵守这些规律的前提下开展社会生产活动，在谋求生产力不断提高的同时，做到爱护环境、节约资源。生态文明建设简单来讲指的是在以尊重并保护自然为基本准则的基础上，对自然进行改造和利用，促进人与自然友好共存，而这也是构建社会主义和谐社会的重要先决条件（王经北，魏志成，2018）。

第七节　习近平生态文明思想的理论内涵

习近平生态文明思想是习近平新时代中国特色社会主义思想的重要组成部分，是马克思主义基本原理同中国生态文明建设实践相结合、同中华优秀传统生态文化相结合的重大成果，是以习近平同志为核心的党中央治国理政实践创新和理论创新在生态文明建设领域的集中体现，是新时代我国生态文明建设的根本遵循和行动指南。

一、习近平生态文明思想的理论起源

我们党在领导中国革命、建设和改革的过程中，不断探索生态文明建设与经济社会发展的辩证关系，形成了科学系统完整、具有中国特色的生态文明建设理论体系，为习近平生态文明思想的提出提供了重要的理论基础。党的十八大以来，以习近平同志为主要代表的中国共产党人，在几代中国共产党人不懈探索的基础上，以新的视野、新的认识、新的理念，赋予生

态文明建设理论新的时代内涵，把我们党对生态文明的认识提升到一个新高度。习近平生态文明思想是百年来我们党在生态文明建设方面奋斗成就和历史经验的集中体现，是社会主义生态文明建设理论创新成果和实践创新成果的集大成。

马克思主义的生态文明理论中对人与自然辩证关系的诠释为习近平生态文明思想构筑了坚实的理论基础。人与自然的关系是人类社会最基本的关系。马克思主义认为，人靠自然界生活，自然不仅给人类提供了生活资料来源，而且给人类提供了生产资料来源。自然物构成人类生存的自然条件，人类在同自然的互动中生产、生活、发展，但“如果说人靠科学和创造性天才征服了自然力，那么自然力也对人进行报复”。习近平生态文明思想中的“人与自然和谐共生”“绿水青山就是金山银山”等理念，运用和深化了马克思主义关于人与自然、生产和生态的辩证统一关系的认识，实现了马克思主义关于人与自然关系思想的与时俱进，是当代中国马克思主义、21世纪马克思主义在生态文明建设领域的集中体现。

中华优秀传统文化中的生态思想为习近平生态文明思想提供了丰厚的理论滋养。中国自古以来就形成了丰富的生态智慧和文化传统。尊重自然、热爱自然是中华民族数千年生生不息、繁衍不绝的重要原因，倡导“天地与我并生，而万物与我为一”的“天人合一”思想是中华文明的鲜明特色和独特标识。习近平生态文明思想根植于中华优秀传统生态文化，深刻阐释了人与自然和谐共生的内在规律和本质要求，赋予中华优秀传统生态文化崭新的时代内涵，推动中华优秀传统生态文化创造性转化和创新性发展，让古老的思想文化在二十一世纪的当代中国焕发出新的生机活力，体现了中华文化和中国精神的时代精华。

习近平生态文明思想是全球可持续发展经验成果的借鉴与

超越。工业化创造了前所未有的物质财富，也造成了难以弥补的生态创伤。保护生态环境、推动可持续发展成为国际社会共识并付诸行动。习近平生态文明思想深刻揭示，生态文明是人类文明发展的历史趋势，是工业文明发展到一定阶段的产物，是实现人与自然和谐共生的新要求。习近平总书记从构建人类命运共同体的高度出发，提出全球发展倡议，呼吁构筑尊崇自然、绿色发展的生态体系，共同构建地球生命共同体，共同建设清洁美丽的世界。习近平生态文明思想凝结着对发展人类文明、建设清洁美丽世界的睿智思考和深刻洞见，是中国式现代化道路和人类文明新形态的重要内容和重大成果，也是对西方以资本为中心、物质主义膨胀、先污染后治理的现代化发展道路的批判与超越，开辟了人类可持续发展理论和实践的新境界。

习近平生态文明思想不是仅关注生态环境问题的狭义的生态观，更是着眼于人类文明形态转换历史视野的一种文明观，它涉及经济社会发展全局和人类社会发展的总体性方向，从根本上改变了我们对自然以及社会历史发展的传统观念，形成了独特的新时代生态文明思想。

二、“人与自然和谐共生”的生态自然观

“人与自然和谐共生”的生态自然观是在坚持以马克思主义为指导的前提下，全面细致地描述了人与自然之间的内在共生关系，从根本上消除人与自然相互对立的错误观念，为解决当前人与自然之间的紧张关系提供了理论支持，也为习近平生态文明思想的形成和发展提供了强大的理论支撑，在新时代的高度上发展了马克思主义的自然观。

习近平总书记主张的“人与自然和谐共生”正是对马克思主义的人与自然一体化思想的进一步发展。“人与自然和谐共

生”的生态理念清晰明确地揭示了人和自然的一体性，充分反映了人和自然之间是彼此依存的，属于典型的生命共同体。把人与自然理解为一个生命共同体，并把这种生命共同体理解为人的生存发展的基础，从根本上克服了“人类中心主义”以及人与自然相对立的错误观念，消除了人对自然的功利之心和肆意妄为，真正使“敬畏、尊重、顺应自然、保护自然”成为人的内在自觉要求。“人与自然和谐共生”理念蕴含了人和自然间的共生性含义，在人和自然同属的生命共同体中，两者和谐共存、友好发展。同时，我们还需要正确认识到，“人与自然和谐共生”的生态思想绝对不能等同于曾流行一时的“自然中心主义”的空幻观念，绝不是要放弃人类社会发展和文明成果，而是强调“和谐共生”。社会生产力的高度发展是根本解决生态环境问题最基本的前提，作为社会发展中暴露出来的客观现实问题，生态环境问题也只能在社会的进一步发展中得到解决。生产力是人类认识、开发以及利用自然的重要能力，同时也是人类生存及创造文明的重要手段（钱春萍，代山庆，2017）。所以，“人与自然和谐共生”的生态自然观不是反对发展，更不是让我们退回到自然状态，而是要彻底革新发展模式。2018 年 5 月 18 日，习近平总书记在全国生态环境保护大会上强调，生态环境问题归根结底是发展方式和生活方式问题，要从根本上解决生态环境问题，必须加快形成节约资源和保护环境的空间格局、产业结构、生产方式、生活方式，把经济活动、人的行为限制在自然资源和生态环境能够承受的限度内，给自然生态留下休养生息的时间和空间。这实际上是要求人类在“人与自然和谐共生”的“生命共同体”中，必须承担起更高的责任：不但要尊重和保护自然，而且要促进自然的生息和谐；不但要节制自己的行为，而且要从根本上改变社会的发展方式和人类的生活方式，由此形成一种有别于传统的新文明形态即生态文明。

三、“绿水青山就是金山银山”的生态发展观

“绿水青山就是金山银山”的生态发展观是习近平总书记生态文明思想的重要组成部分。它为社会主义现代化建设与发展提供了重要指导。

生态文明建设应在尊重并顺应自然发展规律的基础上，根据生态环境实际承载情况，以人与自然、人与人之间和谐共存为重要目标，通过大范围宣传和谐理念、全面实施和谐生产方式等手段，鼓励并引导人们摒弃以物质为中心的享乐主义，打破生态环境恶化、人类发展无序的发展格局。并且，生态文明建设必须根本改变以牺牲自然、损害生态系统为代价的野蛮发展模式，树立并贯彻“创新、协调、绿色、开放、共享”新发展理念，形成绿色发展方式。党的十八大以来，“绿水青山就是金山银山”理念已被视为我国生态文明建设、国民经济发展中自觉遵循的重要思想。它科学全面地论述了生态环保和经济发展之间的关系，客观细致地揭示了环保与温饱间的冲突、生态与生计间的矛盾，直截了当地明确了保护环境即保持和提升生产力的思想；同时，就如何实现经济发展与生态环境保护协同开展提出了新的思路和方法。保护生态环境从根本上来讲是保护自然价值和增值自然资本，为经济发展提供强大支撑，由此获得可观的经济效益及生态效益。“绿水青山就是金山银山”这一生态发展观的提出在很大程度上完善并优化了马克思主义生产力理论。马克思主义认为，生产力是决定社会形态及其发展水平的关键因素。发展即生产力的发展，问题的关键在于如何理解生产力。在传统发展方式中，生产力被人们简单地看成人类改造自然、利用自然的抽象的能力，其作用仅局限于促进物

质财富增长。在此，自然只是一种对象性的因素，其有限性或内在价值也没有被充分认识到，生产力的发展也就意味着对自然的利用和索取，必然会带来生态环境的破坏。而“绿水青山就是金山银山”这一生态发展观的提出则从根本上突破了生产力的狭隘观念，把自然生态环境置于生产力的本质规定中。这绝不单纯是突出自然生态环境对经济发展的功用性价值，更是充分肯定了自然生态环境自身所具有的内在价值：不是“绿水青山”能够换来“金山银山”，而是强调“绿水青山”就是“金山银山”。也正是在此意义上，习近平总书记强调：“要正确处理好经济发展同生态环境保护的关系，牢固树立保护生态环境就是保护生产力、改善生态环境就是发展生产力的理念”。把自然生态环境置于生产力的本质规定中，并不是片面地审视和分析人与自然的关系，理应将生态环境与社会生产力视为一个不可分割的有机整体，强调适度发展、节制发展，虽然人类发展高度依赖于自然资源，不过也需要摒弃野蛮式、粗放式的资源开发和利用模式，学会爱护环境，将生态环境和发展生产力紧密联系起来。

“绿水青山就是金山银山”的生态思想也使人们的财富观发生了变化。凡是符合人的需要，能促进人的个性丰富、帮助人自由全面发展的都是财富；不仅如此，绿水青山并非单纯的自然资源，它们更是创造经济收益的重要资源。在此，财富的内涵被极大地拓展了，财富不仅指物质财富、经济财富，还包括自然财富、生态财富、社会财富。“绿水青山就是金山银山”这一生态理念的提出是我国谋求优质经济发展的重要要求，是科学发展观的丰富与发展。党的十九大指出：中国特色社会主义进入新时代，我国社会主要矛盾已经转化为人民日益增长的美好生活需要和不平衡不充分的发展之间的矛盾。而在生态环境领域，人与生态环境协调发展也存在不平衡不充分的问题，经济高速发展和工业化、城镇化导致了生态环境的持续恶化。人民对良好生态环境的需求也难以得到满足。党的二十大报告指出："我们坚持绿水青山就是金山银山的理念，坚持山水林田湖草沙一体化保护和系统治理，全方位、全地域、全过程加强生态环境保护，生态文明制度体系更加健全，污染防治攻坚向纵深推进，绿色、循环、低碳发展迈出坚实步伐。"因此，唯有准确全面地把握"绿水青山就是金山银山"的生态发展观，并在此基础上建构相应的绿色发展理念和发展方式，才能从根本上满足人民群众日益增长的美好生活需要，让广大民众在绿水青山萦绕的优美环境下自行领悟生命之美、自然之美，尽快实现全面构建环境友好型社会的伟大目标。

四、牢固树立社会主义的生态文明观

现阶段，我国工业化、城镇化进程持续推进，在此过程中出现的问题主要表现为以下两个方面：第一，"生态足迹"高度增长，明显超出生物承受能力的增速水平，同时，"生态赤字"不断增加（杨东平，2011）；第二，基于后进工业化国家的现实，"我们的主题是增长，而不是分配""我们关心的主要不是消费，而是产出"（阿瑟·刘易斯，2009）的两难抉择，我国需要统筹好发展经济与发展生态两者之间的辩证关系，注重两者的整合、协同和联动，积极优化结构，合理变革方式，促进新旧动能高效转换，以期在着力打造生态化生产模式及消费方式的基础上，实现循环经济以及绿色经济发展，由此使产业系统和生态系统之间能够完美结合，共同打造一个庞大的现代化生态系统。

积极构建并着力实施"五位一体"总体布局，推进生态、政治等文明协同发展，这不仅是习近平新时代中国特色社会主义思想的重要构成部分，也是习近平生态文明思想中不可或缺的重要组成部分。“五位一体”总体布局中的生态文明建设，在人与自然有机统一的基础上，不但把传统意义上相对分立的社会各领域有机统一起来，高度强调生态文明建设对经济社会发展的全局性、统领性意义，而且把自然生态环境与社会统一起来，深刻认识到经济、政治、文化、社会和生态的一体性，极大地丰富与发展了马克思主义的社会历史理论。尽管马克思已明确表示经济基础决定上层建筑，这突出了发展经济的重要性和必要性，但是马克思并没有把经济与社会割裂开或否定社会的整体性，而只是认为经济基础或经济因素对整个社会历史的最终决定性意义。“五位一体”中的生态文明建设，既强调其统领性意义，又强调经济建设的基础性意义，这两个方面是内在统一的。首先，社会主义的生态文明观不单是提倡推进生态文明建设，而是将其提高至国家战略层面，并将其正式纳入“五位一体”的总体布局之中。2013 年年中，习近平总书记指出：“建设生态文明，是关系人民福祉、关乎民族未来的长远大计”，“生态兴则文明兴，生态衰则文明衰”。这充分体现了生态文明建设的紧迫性，并将其提升至关乎民族兴亡乃至人类文明的兴衰的高度上。其次，在“五位一体”的总体布局中，经济仍然起到根本决定性作用。社会主义的本质是解放并发展生产力，发展是首要任务。经济发展以及国家财力的增强，特别是环境技术的发展，为解决生态环境问题、促进经济迅猛发展予以了强大的物质支持。生态文明建设并不是要限制或取消经济的发展，而是要从根本上改变经济发展方式：摒弃原来的粗放式发展模式，形成绿色发展方式，促进经济发展与生态环境保护之间实现高度统一，“五位一体”统筹推进、协调发展。因此，理解“五位一体”中生态文明建设的关键，在于根本改变人们对经济发展的狭隘理解，改变传统方式中经济发展与生态环境相冲突的观念，进而形成绿色发展理念和绿色发展方式。这充分体现了中国共产党作为执政党的主体意识和担当精神，充分反映了马克思主义战略家的全局观，也切实体现了其良好的预见性，同时彰显了其在治国理政方面的能力和智慧（杨秀萍，2018）。

五、“环境就是民生”的生态民生观

党的十九大报告指出，随着社会经济快速发展，我国社会主要矛盾已经转化为人民日益增长的美好生活需要和不平衡不充分的发展之间的矛盾。这反映出在生产力不断提升的背景下，民众的需求发生了显著变化：人们对美好生活的追求再也不仅仅是客观的物质追求，对生存环境和精神的追求日益成为人们的需要。满足人们生存的基本需求是党的责任与担当。习近平总书记指出：“建设生态文明是关系人民福祉、关乎民族未来的千年大计，是实现中华民族伟大复兴的重要战略任务。”习近平生态文明思想的宗旨是全心全意地为人民服务，始终关心人民的需求和人民的生活。

“环境就是民生”的生态民生观与“五位一体”的生态文明建设思想高度一致，是习近平生态文明思想最终的理论归宿。同时，习近平总书记特别指出：“环境就是民生，青山就是美丽，蓝天也是幸福。”其中，“环境就是民生”的生态民生观，既突出了习近平生态文明思想的社会主义性质，也充分体现了我们党的“为人民服务”的宗旨，切实反映了新时代发展环境下“以民为本”的发展理念及工作宗旨。而民众对优质生态环境的需求、对高质生态产品的需求是美好生活需求的核心组成。

习近平总书记多次强调，经济社会发展的目的是民生，保护生态环境同样也是为了民生。经济社会发展的主要目的是更全面、更高效地满足民众对高品质生活的需求，而保护生态环境的主要目的则是更全面、更高效地满足民众对良好生态环境的需求。为此，我们必须从根本上转变发展方式，加快构建生态文明体系，积极采取各种科学合理的手段妥善处理不利于人体健康的生态环境问题。习近平总书记指出，我们要在蓝天保卫战取得永久性胜利，全面落实土壤污染防治行动计划，要改善农村环境，建设美丽乡村。“环境就是民生”的生态民生观，将优美的生态环境视为广大民众普遍享受的民生福祉，赋予社会公平概念以新的时代性内容。自然生态环境与人们的日常生活息息相关，它是人类生存与社会发展最为直接的物质基础，特别是在当前生态环境问题日益严重的情况下，这直接关系到人们的权利、利益与发展前景，甚至直接危及人的生存权。“环境就是民生”的生态民生观，客观认识到了生态环境问题的严重性，准确把握新时代人民对良好生态环境的需要，不但把自然生态环境纳入民生范围，还需要将优美健康的生态环境看作每一个民众都应享受到的基本型公共产品，这对我们深入理解社会主义的公平正义理念具有重要意义。这充分反映了中国共产党代表并积极维护民众根本利益的属性，即谋求发展的根本目的在于满足民众需求，促进民众全面享受发展成果，将生态民生问题的妥善处理确立为我党执政为民的一项重要任务，同时也是新的历史条件下，对广大民众关于美好生活期待的现实回应，将生态文明建设与发展灵活合理地融于民生建设之中，充分明确生态文明建设的重要地位，它既丰富了生态文明观，也深化了以人民为中心的民生观，是对我国生态文明建设理论的延伸与完善，不仅极富中国特色，也呈现出较强的时代特征。

六、牢固树立生态红线的生态制度观

生态制度为生态文明建设提供了强大保障。一般来说，制度包含了许多内容，它不仅涉及了原则、法律等正式制度，也涵盖了习俗、伦理等一系列的非正式制度。简单来讲，前者侧重于制度层面，而后者则倾向于文化层面。生态文明建设的战略定力，应自觉遵守并积极践行新发展理念，严禁任何破坏生态环境的不良行为，始终坚守生态红线。生态红线的提出，对生态安全行为进行了约束与强制，这是保障和维护生态安全的重要底线，若底线被打破，即意味着生态系统严重失衡，容易造成灾难性后果，不利于实现人类社会的可持续化、稳健化发展。全面增强生态红线意识，实行最严格的生态环境保护制度，这不仅反映了中国共产党全面开展生态文明建设的决心，也体现了生态文明建设在中国特色社会主义制度下的独特优越性。

生态文明建设工作能够有条不紊地顺利开展，能促进人和自然之间构建友好和谐的共存关系，实现人类文明的顺利转型，在很大程度上取决于律法的健全完善。推进生态文明体制改革，应积极构建并完善生态文明制度，合理确定制度框架，促进生态文明建设逐步朝着制度化、法治化、现代化等方向发展。现阶段，我国在生态环境保护方面存在的突出问题，基本上都与体制不完善、法治不完备等因素之间具有较强关联，应进一步加强制度建设，尽快构建严谨的、规范的、合理的、可行的资源高效利用制度，积极完善并合理优化生态保护和修复制度，在立足于本国实际情况的基础上健全生态环境保护责任制度，促进生态文明体制改革工作顺利开展，尽量扫除生态文明建设面临的各种机制障碍。唯有全面实施最严厉、最严谨、最合理的法律制度，方可为生态文明建设工作的高效开展提供强大支持。生态文明建设的社会和谐、环境友好等基本要素直接决定了生态文明建设制度涵盖了物质、文化等多个不同的领域（刘庆志，2015），促进了我国在经济、政治、文化等方面积极制定科学合理的规章制度。也就是说，我们应在全社会范围内制定或构建起能够促进生态文明建设工作有条不紊地顺利开展的各种规章制度（夏光，2012）。生态文明建设制度并非单一的简单化设计制度，它是我国在发展的道路上必须制定的强制性制度，是我国在综合考虑各方面因素之后制定的一套选择性制度，同时也是具有道德教化作用的引导性制度，它们相互联系，共同铸就了完善合理的制度体系（沈满洪，2012）。因此，我们至少要构建起三项制度：一是“政府”发挥主导地位的生态文明管制制度，二是“市场”发挥主导地位的生态文明市场制度，三是“广大民众”发挥主导地位的生态文明公众参与制度（刘登娟 等，2014）。在中国共产党的领导下，全党全国各族人民围绕建设生态文明的共同奋斗目标，始终严格按照习近平生态文明思想集中各方力量，同筑生态文明之基，同走绿色发展之路，高效执行、有力推进，将我国尽快打造为环境优美、国强民富、规范有序的社会主义现代化强国，为早日形成“人类命运共同体”积极展示“中国智慧”，提供“中国样本”。

第八节　习近平生态文明思想的哲学特征

一、习近平生态文明思想的实践思维

习近平生态文明思想秉承马克思主义社会科学以实践为基础的研究方法，重视实实在在的生态实践。首先，在顶层设计

层面，将对生态文明建设实践提高到重要的战略地位。以习近平同志为核心的党中央，在立足于中国特色社会主义基本国情的基础上，特别是对社会主义初级阶段有了深刻、全面、清醒的认识后，提出大力推进社会主义生态文明建设的重要指示。党的十八大报告将生态文明建设纳入“五位一体”总体布局，把生态文明建设融入经济建设、政治建设、文化建设、社会建设各方面和全过程。这是以习近平同志为核心的党中央将生态实践作为中国特色社会主义建设的重要内容，突出了其应有的战略地位，为“美丽中国”的实现铺就了实践路径。党的十九大再次表明，要着力推进生态文明体制改革，特别要加强绿色发展，积极妥善地处理当前面临的各种环境问题，重视并强化对生态系统的保护，同时，要根据实际情况及时健全并优化生态环境监管体制等。其次，在社会生产生活层面，早日形成绿色健康的发展模式及生活方式。党的二十大进一步提出要加快发展方式绿色转型，实施全面节约战略，发展绿色低碳产业，倡导绿色消费，推动形成绿色低碳的生产方式和生活方式。近年来，日益出现的生态环境问题客观地揭示了经济建设过程中存在的产业结构不科学、发展方式粗放等一系列问题。在中国经济发展的多个方面，均不同程度地存在着盲目追求规模扩张的非理智性、非持续性发展，亟待进行提质增效的动力转换及结构优化。应通过科技创新、产业转型等手段为经济建设提供更强大、更丰富的新动能，以协调人与自然的关系，破解绿色发展难题。在社会生活方面“建设生态文明，首先要从改变自然、征服自然转向调整人的行为、纠正人的错误行为”。生态文明建设同每个人息息相关，每个人都应该是践行者、推动者（习近平，2017），促进思维意识、价值取向以及行为实践等快速向绿色转变，这是一场和生产模式、生活方式之间具有较强关联的绿色革命，其根本目标在于实现人与自然的和谐化、友好化共存。

二、习近平生态文明思想理论与实践创新的良性互动

马克思主义将实践看成理论研究的出发点，将科学理论视为对一系列丰富实践经验的高度概括与集中归纳，并且随着实践的发展，通过各种各样的实践活动检验并完善理论。习近平生态文明思想亦是如此，即在和生态文明实践活动的持续互动中进行完善和发展。面对我国的生态环境问题，习近平总书记有着深刻的认识，他在对生态问题进行深入分析的基础上，有针对性地提出了解决对策。例如，习近平总书记基于对人民群众处理经济发展与资源环境关系实践的概括和总结，提出了“绿水青山就是金山银山”的重要论断。党的十八大以来，习近平总书记以社会实践为立足点，对我国生态环境问题的认识更为深入。在习近平生态文明思想的正确指引下，我国在生态文明体制改革以及制度机制建设方面取得了一系列显著的成绩，现已形成了一套较为完整合理的习近平生态文明思想体系，促进我国深刻认识人与自然的关系，为早日形成人与自然和谐发展格局夯实了重要的理论基础。

三、习近平生态文明思想的生命共同体思维

习近平生态文明思想具有突出的生命共同体思维特质，提出了“山水林田湖是一个生命共同体”，也提出了“人与自然是生命共同体”的思想。将人与自然看成生命共同体，是习近平生态文明思想的鲜明标识。在习近平总书记看来，山水林田湖不仅是人类生存的环境，更是人类社会的一部分，是人类生存与发展不可或缺的重要自然基础，同时，作为自然界的重要一

员，人和自然界之间的关系可被视为自然界之中的内部联系。以这种人与自然有机统一的系统思维方式，习近平总书记曾反复强调："要像保护眼睛一样保护生态环境，像对待生命一样对待生态环境。"习近平总书记始终坚信，人和自然之间休戚与共，人类对自然的破坏，势必会引起自然的报复，继而对人类造成伤害，这是不可克服的自然规律。因此，习近平总书记认为，人和自然的关系是人类社会最基本、最根本、最普遍的关系，只有处理好二者之间的共生关系，人类像对待自己的身体和生命一样对待自然，整个人类社会的有机系统才能正常运转，使人与自然实现本质的统一。

四、习近平生态文明思想的系统整体思维

由于自然生态环境的系统性和人与自然之间的共生关系，习近平总书记将生态文明建设视为一个内部各要素之间彼此关联的系统工程。习近平总书记在《关于〈中共中央关于全面深化改革若干重大问题的决定〉的说明》中指出："如果种树的只管种树、治水的只管治水、护田的单纯护田，很容易顾此失彼，最终造成生态的系统性破坏。"生态系统是一个有机体，应通过系统论的思想方法审视和分析问题。所以十分有必要，由一个保持高度独立性的专门部门自觉履行一切国土空间用途的管制职责，负责对山水林田湖的集中化、系统化、合理化保护与修复。此外，习近平总书记还在全国生态文明建设工作会议上强调："生态文明建设是在'五位一体'总体布局和'四个全面'战略布局的重要内容。"习近平总书记以一位马克思主义者的政治敏锐性，以马克思主义社会系统研究的思维方式精辟地指出，生态文明建设并非单纯的经济问题，它涉及了政治内容，应在谋求重点突破的过程中促进生态文明建设工作有条不紊地顺利开展。

五、习近平生态文明思想的矛盾思维特质

马克思主义强调矛盾的普遍性与特殊性，将对立统一规律灵活合理地应用于社会研究之中，由此获得了严谨合理的社会矛盾研究方法。基于对马克思主义生态观的延伸与发展，习近平生态文明思想有着鲜明的矛盾思维特质。“绿水青山就是金山银山”的科学论断包含了鲜明的矛盾思维，不仅向人们简单明了地描述了“绿水青山”与“金山银山”之间的关系，也内含了经济发展与生态文明协同共进的“两点理论”思想。同时，习近平总书记在2014年3月7日参加十二届全国人大二次会议贵州代表团审议时强调，“让绿水青山充分发挥经济社会效益”的“关键是要树立正确的发展思路”,生态文明建设与经济发展并不矛盾，重要的是发展思路的转变。作为习近平总书记生态文明思想的重要部分，“两山理论”系统地论述了生态环境和经济发展之间辩证统一的矛盾关系，既提到了绿水青山和金山银山相互区别的关系，同时也提到了二者相互贯通、相互转化的统一关系。在习近平总书记看来，生态环境和经济发展同样重要，二者应协同共进，生态环境不仅是经济发展的基础和前提条件，更是经济发展本身，改善环境即意味着生产力水平的提升，破坏环境则意味着生产力水平的下降，习近平总书记将生态环境看成生产力的重要因素，是对马克思主义生产力理论的一种延伸与发展，跳出了在生态环境保护与经济建设关系方面的误区。绿水青山和金山银山之间并非水火不容，也不是绝对的对立关系，最重要的是确立科学合理的发展思路，要结合地理环境，因地制宜地选择好发展产业，切实扭转简单以经济增长率论英雄的发展思路，切勿为了经济增长率而罔顾自然环境。在生态环境保护上一定要将眼光放长远，算长远账、算综合账，不能因小失大、急功近利，绿水青山不单单是上天赐予的自然

财富，更是创造经济效益、社会效益的重要载体。在习近平总书记看来，环境即表示民生，青山即意味着美丽，而蓝天则代表着幸福，随着经济的发展，民众对美好生态环境提出了更高标准和更多需求，对良好生态产品的渴望日益迫切。因此，绿水青山并不只是可以创造经济社会效益的金山银山，同时也是评估社会发展水平、反映人民幸福程度的重要标尺，唯有打破传统的发展思路，才能够让绿水青山成为可以创造经济社会效益的金山银山，才能够为广大民众带来幸福。

第九节　习近平生态文明思想的时代价值

伴随着众多学者不断反思过去人类破坏自然的行为，人们开始以新的角度和方式看待人和自然的关系，并积极探寻能够使得人与自然友好共存的方法。习近平生态文明思想，根植于中国社会主义实践，基于中国国情及发展特征，直面当今人类所遭遇的生态危机，凝聚了中国人民的智慧与汗水。习近平生态文明思想在马克思主义生态哲学的指导下，创造性地发展马克思主义生态理论并充分吸收中华优秀传统文化的成果，积极回应人类社会对建设生态文明的强烈诉求，探索人类社会或人类文明的未来走向。习近平生态文明思想在全面审视及辩证剖析新时代中国国情的基础上，创造性地提出了生态文明建设的重要指示及其建设路径，并指导着中国朝向更加高级的文明形态演进，具有丰富的、巨大的时代价值。

一、继承和发展了马克思主义生态文明理论

习近平生态文明建设思想并不是凭空提出的，而是在继承和延伸马克思主义的基础上，立足于中国实际国情及各种实践

经验而形成的，它是马克思主义中国化的最新成果。习近平总书记认为，人类、自然、社会之间彼此依存，共同组建一个完整系统的有机体，即命运共同体，自然中的每个个体及其依赖的环境的恶化都会对这一命运共同体产生不可逆的影响，并最终导致人类遭受灾难性报复。因此，习近平生态文明思想在认可自然对于人类积极作用的同时强调人与自然友好相处，并明确表示在生态文明建设方面，人类发挥着不可或缺的主体作用，唯有全面激发人类的能动性与创造性，人类才能走向更高形态的生态文明。

二、丰富了习近平新时代中国特色社会主义思想

习近平生态文明思想凝聚了国人的智慧，是习近平新时代中国特色社会主义思想中尤为重要的构成内容，为我国推进生态文明建设、顺利实现“中国梦”提供了正确指引。从党的十八大开始，我国立足时代发展的新方位和现实困境，陆续提出了“推进生态文明建设”“习近平生态文明思想”等重要理论思想，这使得人们对于生态文明思想的认识不断提升，达到新高度。目前，国际上对于生态文明建设的理论尚不完善，认识也并不清晰，习近平生态文明思想则立足新的文明形态，创新了生态文明建设的理论和路径。

三、指导中国生态文明建设取得巨大成就

习近平生态文明思想为我国推进生态文明建设提供了具体的实践路径，极大地推动了我国经济社会的全面发展。伴随着现代化进程的不断推进，人与自然之间的关系逐渐恶化，生态环境问题日益突出，并从根本上威胁到人类自身的生存。因此，我们如何转变传统的发展观念，从根本上克服生态危机，促进人类实现真正意义上的可持续发展，成为当前亟待解决的重要

课题。习近平生态文明思想是从人类社会进步，特别是人类文明形态转换的历史视野来思考生态问题的，把生态问题置于文明兴衰的高度来理解，是一种文明意义上的生态观。生态文明是人类进步、社会发展进程中取得的重要成果。习近平生态文明思想从文明形态转换的高度将生态文明正式确立为新时代发展背景下更先进、更成熟、更合理的文明形态，把对资本主义生产方式的批判及对工业文明的反思紧密联系，将社会主义和生态文明紧密融合，并基于此实现了对马克思主义社会历史发展理论的延伸与发展。在习近平生态文明思想中，自然与社会的统一、社会发展与人的发展的统一、社会主义与生态文明的统一，不仅是一个理论构想，也是新时代中国特色社会主义的实践。在人类文明形态转换的历史视野中，习近平生态文明思想高度重视生态文明建设，将其提高至国家战略层面，把生态问题置于经济社会发展的全局中来处理，以期借助彻底变革发展模式、推动经济社会综合发展等手段妥善消除生态危机，使我们国家的经济社会发展不但实现了根本的转型升级，而且开辟出新的发展道路和发展前景。“绿色发展”“人与自然和谐共生”等已经成为经济社会发展的根本要求。也只有站在生态文明建设的战略高度上，把生态问题理解为关乎经济社会发展全局的问题，才能从根本上解决生态问题，才能根本改变原先那种浪费资源、破坏环境、牺牲自然的经济发展方式，真正推进我们国家经济社会的全面发展。理论与实践相结合才能散发出巨大的生命与活力，习近平生态文明思想亦不例外。在习近平生态文明思想的正确指引下，我国在生态文明建设方面取得了一系列令人瞩目的成果，从全民生态意识的不断觉醒，到环保法律制度的日臻成熟，再到生态文明建设的战略规划，每一个喜人的成绩背后都是习近平生态文明思想对应对生态危机，应对自然环境发展的不平衡、不充分，应对建设美丽中国以及实现“中国梦”的探索和思考，从而促进中国在生态文明建设上取得佳绩，这也为全球环境治理和生态文明建设贡献了中国智慧和中国方案。

四、拓展了人民美好生活的内涵

习近平生态文明思想把环境需要纳入人民的美好生活需求之中，极大地拓展了人民美好生活的内涵。美好生活具有丰富的内涵，它意味着人民在物质生活比较富裕的基础上要求生活的全面发展，这也就必然对经济社会的发展提出全面性要求。生活全面发展的要求正是马克思主义关于人的全面发展的根本理念的具体要求和现实体现。习近平生态文明思想，从马克思主义关于人与自然的一体性观念出发，把人的发展与自然的发展有机结合起来，使自然的发展成为人的全面发展的一部分。广大民众对美好生活的需要必然内在地包含对于优美生态环境的需要，只有从社会基本矛盾变化的角度看待问题，我们才能更好地理解生态需要与美好生活需要的关系以及生态需要的根本重要性。习近平生态文明思想尤其是“环境就是民生”的民生观，充分反映了美好的生态环境不仅是每一个民众都应该享受到的民生福祉，也是切实推进每个人实现美好生活的进程。环境是最普惠的、最基本的民生，因为生态环境与每个人的生活直接相关。自然为人类生存与发展提供重要基础，人类一刻也不能离开土地、空气、水、粮食等自然环境和自然资源。如果没有安全良好的生态环境，那么经济社会的发展也就失去了根基，失去了意义，美好生活也就成为空想了。为此，习近平总书记特别强调农村环境治理以及美丽乡村建设的基础性意义。习近平生态文明思想不仅强调生态环境对于美好生活的基础性意义，还特别指出，我们需要生产出更多的优质生态产品，由此满足民众对优美的生态环境产生的多元化、个性化需求。这实际上就把生态文明建设与经济社会全面发展高度统一起来，使我们每个人的需求以及包括优美的生态环境在内的美好生活的实现有了坚实的基础。这也意味着人民群众对于生态环境已经有了更高的要求：不仅要求生态环境要安全和健康，还要求生态环境要更加宜居和优美，这实际上是对生态环境提出了一种文化性与精神性的要求。这种更高层次的对优美的生态环境的需要与人民对美好生活的需要是完全一致的。要想全面有效地满足民众对优美的生态环境提出的多元化、个性化需求，国家就需要尽可能地提高更多的优质生态产品。这就对经济社会发展提出了更高的要求：不仅要自觉节约资源、降低生态负荷、保护生态环境；而且更为重要的是要根本改变传统发展方式、调整产业结构和能源结构、培育和发展环保产业、形成绿色产业模式和绿色发展方式。我们知道，优质的生态产品或优美的生态环境，不是自然本身所提供的，只能由现代绿色产业和绿色发展方式所提供，因此美好生活的实现只能建立在经济社会全面发展的基础上。

五、强调生态文明建设的经济性

生态文明建设是一种具有长期性、有效性的理性经济投资。文明的发展需要依靠经济的带动，然而经济发展同样也需要一个良好稳定的社会环境和生态环境作保障。习近平总书记表示，改善生态环境就是发展生产力。以牺牲环境为代价的粗放式经济发展模式势必诱发并加剧社会环境问题。“绿水青山就是金山银山”，在生态环境与经济社会协同发展、友好共存的情况下，生态环境可以产生生产力，生产力可以创造财富，当二者发生矛盾冲突时，保护生态环境是第一位的，唯有构建起科学合理的良性循环，方可推动生态经济取得进一步发展，才会真正形成绿色发展体系。自然生态环境是无价之宝，保护自然生态环境对自然价值增值以及自然资本积累大有裨益，良好的自然生态环境是人类生存的最基本的保障，自觉树立生态环境和经济协同发展，做到在蓝天白云下发展经济、在绿水青山上改善人民的生活。

六、为全球生态环境治理贡献了中国智慧和中国方案

习近平生态文明思想主张将人和自然的生命共同体纳入人类命运共同体之中，为各国开展生态文明建设工作贡献了中国智慧及路径。习近平总书记从自然界生命共同体的概念出发并且指出，山水林田湖是一个生命共同体，人的命脉在田，田的命脉在水，水的命脉在山，山的命脉在土，土的命脉在树。习近平总书记还提出人类是一个命运共同体。没有哪个国家能够独自应对人类面临的各种挑战，也没有哪个国家能够退回到自我封闭的孤岛。习近平总书记特别强调，人类是一个命运共同体，保护生态环境是全世界的共同挑战和共同责任。人与自然的生命共同体是人类命运共同体的前提与基础，没有人与自然的生命共同体作为存在论基础，人类命运共同体就成为空中楼阁。如果不能根本消除人与自然之间的对立和对抗性关系，人类内部的对立和斗争就无法消除，构建超越工业文明的生态文明也就成为泡影。习近平生态文明思想汲取了诸多优秀传统文化中的“天人合一”“道法自然”“人与自然和谐共生”等生命共同体观念并赋予其现代意义。习近平生态文明思想非常重视吸收中华优秀传统文化的积极成果，认为其中的“人与自然和谐共生”的自然观以及人与自然的生命共同体的观念，为根本克服人与自然的对立、解决生态危机问题、探寻人类文明发展的未来方向提供了珍贵的理论资源。中国始终是全球生态文明建设的重要参与者、贡献者和引领者，坚定维护多边主义，积极参与打造利益共生、权利共享、责任共担的全球生态治理格

局。保护生态环境是全球面临的共同挑战和共同责任，面对生态环境挑战，人类是一荣俱荣、一损俱损的命运共同体，没有哪个国家能独善其身。各国必须勇于担当，勠力同心，共同构建地球生命共同体，共同建设清洁美丽世界，推动全球可持续发展。

马克思主义依据世界历史理论，在分析和论述重大问题时要求确立世界眼光和全球视野，即马克思主义社会科学研究的世界视野。在此基础上，习近平生态文明思想有着高瞻远瞩的世界视野和胸怀天下的广阔情怀，从人类和全球视角来讲，坚定不移地打造人类命运共同体，着力构建并不断完善尊崇自然、绿色发展的生态体系，由此构建起一个清洁、美丽的生态环境。习近平总书记把我们国家的生态文明建设与全球文明建设有机结合起来，从而使得我们国家的生态文明建设直接具有人类性与世界性意义。当前，我国不但是人类命运共同体建设的提倡者和积极推动者，也是全球生态文明建设的积极参与者，我国正积极地向世界贡献中国智慧与发展路径，生态文明成果不仅是民族的，更是世界的，相比所能产生的生态效益，更大的凝心聚力才是最大的价值，为其他的发展中国家推进生态文明建设提供了具有中国特色的发展范式，为发达国家重新认识蕴含着开放、包容、合作、共享、发展内涵的中国文明提供更多交流路径，为全球生态保护做出贡献。中国政府在坚持保护生态与经济持续增长方面的成功将再一次向世界彰显中国文化深厚的哲理之思、智慧之光。世界是一个整体，中国梦的实现需要国际大环境的保障，构建人类命运共同体强调把世界机遇转变为中国机遇，把中国机遇转变为世界机遇，在建设生态文明过程中努力探索、勇于实践，给世界以中国借鉴。同时，以全人类的最高利益，即对于美好幸福生活的热切盼望为契机，督促资本主义发达国家积极担负历史性责任，为促进人与自然和谐共存、共同构建更加美好的世界出一份力，利用资金和技术优势，与发展中国家加强合作，共同应对生态危机的挑战。中国作为最大的发展中国家将展现坚持绿色发展的决心，把生态文明与人民幸福、民族未来相结合，在带领全体人民实现中国梦的道路上，为世界履行中国义务，贡献中国方案。

对于日益走向世界舞台中心的中国而言，中国的就是世界的。在构建人类命运共同体中，生态文明建设是不可或缺的关键一环。在应对世界环境恶化和生态危机的过程中，中国以完美的答卷向世人展现了中国智慧，并且为世界环境治理做出了巨大贡献，赢得了国际社会的一致好评。中国的积极作为和创新做法将吸引更多的国际社会的目光，引领更多的国家和组织积极投身于环境治理这场硬仗中，不断促进全球环境治理能力的提升，促进人类命运共同体建设，为打造一个更加美好的世界而进行积极探索和不懈努力！

第十节　习近平生态文明思想的统一特性

一、世界性和民族性的统一

生态哲学已经成为世界的哲学。面对全球性生态危机，中国作为逐步实现国际化发展的国家，也需基于世界全局和人类命运共同体来思索和考量人类文明的走向。从全球化角度来看，中国所面临的生态危机也是世界的生态危机。因此，习近平生态文明思想从宏观生态的角度出发，立足世界性生态危机，共谋全球生态文明发展之道，为解决世界生态危机提供“中国样本”（罗贤宇，2018），贡献中国智慧和中国方案，呈现出世界性格局。同时，习近平生态文明思想亦针对中国的具体问题进行了具体分析，面对中国生态环境的差异性，继承和发展了传统民族生态文化的精华，以中国独有的智慧和方案去建设生态文明，彰显出鲜明的中华民族特色。因此，习近平生态文明思想实现了世界性和民族性的统一。

二、预见性和现实性的统一

居安思危、有备无患，中国的忧患意识源远流长。面对日益恶化的生态危机以及来自大自然的报复，人们对于人类命运前途的忧患意识亦不断提升。习近平生态文明思想深深地根植于人们对美好生态环境的憧憬，在坚持以民为本的基础上，以强有力的姿态去承担和弥补生态环境恶化所带来的后果。这是国人生态忧患意识的集中体现，带有明显的预见性。与此同时，环境保护已成为当下人们最为关切的民生问题。“环境就是民生”，面对恶化的环境状况和人们对于美好生活期许之间的矛盾，习近平生态文明思想坚持以问题为导向，着力解决最广大人民所关心的民生问题，解决人民之所需、所盼和所急，凸显了思想的现实性。因此，习近平生态文明思想是预见性和现实性的统一。

三、继承性和创造性的统一

习近平生态文明思想能够指导实践取得巨大成就，显示出巨大的当代价值，其源于对马克思主义哲学的继承，是融入时代背景和民族特色创造性发展的结果。马克思和恩格斯对于人与自然及其关系的认知给予了习近平生态文明思想的理论源泉，也继承了当下诸多生态思想中所彰显的“生态关怀”；同时，习近平生态文明思想汲取了我国优秀的传统文化，即人与自然和谐相处，人需要对自然表现出道德关爱等思想。中国的国情与其他国家不同，走向生态文明的方式和路径也不同，因此以习近平同志为核心的党中央结合具体国情，从国家建设总布局的顶层设计出发，开创了人类文明发展的新路径，创造性地发展了生态文明思想。可见，习近平生态文明思想是创造性和继承性的统一。

四、整体性和区域性的统一

整体与部分、普遍联系等哲学观点在习近平生态文明思想中也有所体现。生态文明是包含人类、自然和社会这三部分有机联系的整体，其内部各要素之间也相互联系、相互作用，并共同作用于生态文明建设。只有将人类、自然和社会置身于生态文明整体中，才能更加明晰彼此之间的联系。习近平生态文明思想充分明确了人类、自然和社会多样性的存在，注重部分发展，凸显了生态文明建设的差异性和多样性。同时，我国的生态文明建设，强调从每个区域的自然和历史的多维视角出发，立足每个区域的实际状况，尊重区域生态差异，建设符合该区域的人类、自然和社会的生态文明。因此，习近平生态文明思想是整体性和区域性的统一。

总而言之，新时代的来临意味着中国特色社会主义正式进入新的征程。着力推进生态文明建设，建设美丽中国，是以习近平同志为核心的党中央及广大人民群众绘制的宏伟蓝图。作为中国特色社会主义事业体系中不可或缺的构成部分，生态文明建设成果不单单是“五位一体”总体布局的实现，同时也是“中国梦”的实现。生态文明建设是一项涉及多方面因素、耗时比较长的复杂工程，站位全局统筹规划、协调配合是必由之路（刘赫男，2019）。生态文明建设是一个大工程，它涉及经济、政治、文化等各个方面。对于生态环境问题的认识和把握应当从系统论角度出发，首先应站在全局角度，审视国内外发展局势，确定合理的发展思路，推动节能友好型社会的早日构建，切实实现经济社会的绿色化、稳健化、持续化发展（陈俊，2019）。

习近平生态文明思想是一个健全严谨、规范合理的科学体系。这一体系升华与丰富了马克思主义生态文明观，很好地结合了中国发展的实际情况，为人民日益增长的美好生活需要提供了良好的生态环境。习近平生态文明思想蕴含丰厚的哲学意蕴，不仅是马克思主义生态观中国化的当代展现，更是马克思主义社会科学分析方法的综合运用。科学的实践观是马克思主义引领时代发展的重要理论基石，也为社会科学研究奠定了可靠的方法论基础。立足于马克思主义科学的实践观和实践研究方法，习近平生态文明思想有着鲜明的实践思维特质，它不仅认为生态文明建设重在实践，更将生态文明理论的创新融入生态文明实践的发展过程，促进理论创新和实践创新之间进行合理有序地良性互动。

生态兴，则文明兴；生态衰，则文明衰。这是以人类文明发展的宏观视野为切入点，在坚持人和自然友好共存、长效发展之基本准则的前提下，全面合理地归纳了生态的好坏与文明间的辩证关系，在认识论的指导下，进一步完善和优化了马克思主义生态观理论（陈俊，2019）。习近平总书记从经济发展引起的一系列生态问题出发，得出这一结论，也为我国各项事业发展提出了价值遵循。一切都要在生态环境不遭受破坏的情况下进行，不得在破坏生态的基础上发展经济事业。习近平总书记揭示了生态的好坏与国家兴起灭亡的直接关系，也为新时代中国发展提供了指导思想。习近平总书记立足于中国现实和国情提出的环境发展理念，辩证地分析论述了生产力和环境保护间的内在关系。唯有合理协调并妥善处理可持续发展与经济发展间的关系，才能促进中华民族的伟大复兴。

生态文明建设不仅关乎人类未来的发展，同时也关乎一个民族生存和国家的强大。习近平生态文明思想，精准地把握了时代发展的前沿，致力于环境优化，坚持在发展中保护环境和美化环境。习近平生态文明思想的形成与发展反映了以习近平同志为核心的党中央对中国生态问题的高度重视，同时针对我国发展现状及战略目标给予了现实解答。习近平总书记明确提出“绿水青山就是金山银山”，鼓励并引导国民积极投身于生态文明建设之中，加快向绿色经济增长方式转变，这也是中国为解决全球生态危机向世界贡献的中国范例。中国生态建设从理念到制度再到具体方案，落实到与沿线国家的全方位合作关系中，通过交流产生新思想、通过交流激发创造力，着力构建并不断完善政治互信、文化包容、生态安全的国家交流与共享的新形式，对生态环境治理给予了重要的指示，革新并优化了环境监管制度，形成了完善合理、严谨可行的生态文明制度体系，为建设和谐美丽中国立下了汗马功劳。同时，也向世界展示中国生态文明建设的成果，向世界证明中国打造人类命运共同体的信心与意志，致力于为世界合作发展体系的构建提供强大的生态文明动力，为世界贡献中国范例、中国智慧、中国方案。习近平生态文明思想的提出为国家社会经济发展和深化改革提供了重要指导和方向，凝聚了全党的智慧，为顺利实现“中国梦”、建设“美丽中国”给予了强大保障。

下篇

新时代生态文明审计

第三章　新时代生态文明审计的内涵理论

当前，我国在经济方面取得了一系列令人瞩目的成就，民族振兴之梦也变得越来越近，但是在发展过程中，很多地区采取了“先污染后治理”的发展模式，缺乏对生态环境的重视与爱护，致使个别地方出现了经济发展不出色、自然环境被破坏的尴尬局面。

2005 年，我国在全面审视国内发展现状的基础上，制定并下达了《国务院关于落实科学发展观 加强环境保护的决定》，这是我国出台的第一个有关生态文明的国家级文件。党的十七大提出要大力推进生态文明建设与发展，同时要将其视为全面建设小康社会的重要奋斗目标。党的十八大报告将生态文明建设纳入中国特色社会主义现代化建设事业“五位一体”总体布局，生态文明建设与经济建设、政治建设、文化建设、社会建设并列，作为“五位一体”总体布局的重要内容之一。十八届三中全会通过了《中共中央关于全面深化改革若干重大问题的决定》，强调建设生态文明的重要性，提出要“建设生态文明”和“建立系统完整的生态文明体系”，初步形成以“政府为主导、企业为关键、社会各界积极参与”的生态文明建设新格局。党的十九大提出要把我国建设成为富强民主文明和谐美丽的社会主义现代化强国的目标，要加快生态文明体制改革，建设美丽中国（常纪文，2017）。党的二十大将人与自然和谐共生的现代化作为新时代新征程中国共产党的使命任务之一，明确“坚持可持续发展，坚持节约优先、保护优先、自然恢复为主的方针，像保护眼睛一样保护自然和生态环境，坚定不移走生产发展、生活富裕、生态良好的文明发展道路，实现中华民族永续发展”的任务要求。生态文明建设正式成为新时代中国特色社会主义建设的主战场。生态文明建设备受政府及各界人士的高度关注，成为一项政府发挥主导作用、公司及民众协同参与、国际相互协同的一项复杂工程，该项工程涉及政治、法律、科技等各个领域，其中包含了制度的出台与落实、政策的执行与评价、大量的资金投入、生产方式和消费方式的转变等各项理论和实践措施。

在这一大背景之下，检验生态文明建设的成效、保证资金投入的真实性和合规性、保证制度的科学性和适应性、保证政策的贯彻和落实以及保证生态文明建设的绩效性等问题，就需要通过独立的审计或鉴证，以及独立的审计机构发表审计意见或出具鉴证结论（王爱国，2015）。同时，在经济新常态发展背景下，提质增效是当前亟待完成的一项重要任务，无论是在协调经济与生态发展方面，还是在监督国家经济发展方面，审计均扮演着重要的角色。

党的十八大报告提出：“建设生态文明是关系人民福祉、关乎民族未来的长远大计。”而健全、严格的监管机制是生态文明建设工作有条不紊地顺利开展的重要保障。作为当前备受业内人士推崇且应用较为普遍的一种监管工具，审计是经济、生态文明建设工作正常有序开展的“免疫系统”。而一般的绩效审计根本不能良好地满足党的十八大会议上对生态文明建设提出的一系列审计要求。由于生态环境呈现出明显的区域特征，若无法对生态文明进行专门的审计，经济和生态文明则难以取得长足发展，在此背景下，生态文明审计应运而生。作为随着时代发展而形成的一种新审计类型，生态文明审计简单来讲指的是在结合我国生态文明建设内容的基础上，对我国经济发展过程中暴露出来的各种生态环境问题进行严格规范的监督、评价和鉴证。生态文明审计制度的制定与实施对构建资源友好型社会、推进生态文明建设大有裨益。

郑鹏等（2018）选取了中国知网中文数据库中全文包含新常态、新时代、生态文明建设等关键词的40余篇文章，并通过文献题录信息统计分析工具（SATI）和信息可视化软件（Netolraw）对这些文章进行可视化分析，以此明确生态文明审计的发展态势及学术研究情况。通过文献梳理了解到，2009—2016年，我国生态文明审计研究词主要涉及生态文明、环境审计等。由此可知，我国对此方面的研究过于集中，研究范围比较小，对生态文明审计的研究深度和广度均有待进一步加大。

党的十八大、十九大和二十大关于生态文明建设的决定为开展生态文明审计提供了重要指导。首先，政府部门应提高环保意识，通过制定政策等一系列手段全面开展生态环境保护工作；其次，政府部门应重视并强化对生态环境保护的严格化、全面化、规范化审计监督。但是，在经济新常态发展背景下，经济发展模式以及产业结构较之前发生了显著变化，生态环境以及自然资源亦发生了翻天覆地的变化，原来的审计手段已无法适应新的发展需求。先前的审计手段无论是在内容方面，还是在方法方面，均未对生态文明建设进行细致全面的论述，主要强调对财政财务收支等相关对象的审计，很少涉及对生态文明的审计。在新时代发展环境下，生态文明审计应立足于发展现状，严格按照相关流程和要求对生态文明进行规范科学、客观全面的审计评价，实现对自然资源资产的精准化、客观化计量。所以，审计部门在开展第三方审计工作的过程中，应采取合理优化自然资源资产的计量方法，健全和完善生态文明绩效评估流程，而这是常规审计无法满足的。因此，生态文明审计面临着现有审计理论不适用的问题，应在结合时代发展背景、生态文明现状的基础上对生态文明审计展开深入细致的研究。

综上，加强生态文明审计理论分析、明确审计目标和流程，同时全面深入地分析生态文明审计的具体实现方法等不仅能够为经济、生态和谐发展提供有益指导，还能够促进经济社会实现真正意义上的稳健化、持续化、长效化发展。

第一节　生态文明审计的理论基础

生态文明审计作为一种新的审计类型，是随着时代的发展而形成的，它有着独特的理论支撑。生态文明审计以可持续发展理论为基础，通过对生态文明审计的监督、评价，以及对生态文明审计报告的揭示等功能，促进生态环境与经济社会协调发展。包括可持续发展理论、经济外部性理论、生态经济学理论、国家治理理论等在内的相关理论均为生态文明审计建设提供了内在动力，同时也为生态文明审计工作的顺利开展提供了新的思路与理念。

一、可持续发展理论

可持续发展理论的形成与发展为生态文明审计工作的规范化、有序化开展夯实了重要的理论基础。该理论的基本要义是人口、自然和经济社会在不牺牲任何人的利益的前提下形成友好共存的和谐关系，并促进经济平稳健康可持续发展（黎明等，2015）。根据可持续发展理论，我们应抛弃以往粗放型发展模式，综合考虑资源、环境、社会等多方面因素，积极探索符合可持续发展理念，不损害环境的经济发展模式。换句话说，就是既要促进经济的稳定发展，又要保证生态环境不受破坏，从而促进社会、经济和自然环境的和谐共处和共同发展。正是在这样的背景下，我国提出了生态文明审计理念，在生态文明建设过程中规范有序地开展审计工作，以促进其监督、评价等相关功能的充分发挥。与此同时，可持续发展理论还在全面客观揭示现存问题的基础上，提出了有建设性的审计建议，从而促进人、资源、经济与生态环境之间的协调发展。

二、经济外部性理论

支持经济外部性理论的学者普遍认为，经济主体所进行的经营活动必然会给他人和社会带来不同程度的影响。根据影响的性质，外部性可以大致分为两类：第一类是正外部性，主要是指经济主体所进行的经营活动可以帮助他人获得一定的好处，而受益方不需要支付额外的费用；第二类是负外部性，主要是指经济主体所进行的经营活动会在一定程度上损害他人的正当权益，而此经济主体并不承担责任。很明显，生态环境问题属于外部经济现象。作为一种极具代表性的公共物品，生态环境不仅呈现出较强的非竞争性，而且也不具有排他性。换句话说，那些破坏自然的人既不需要为他们的错误行为及其造成的严重后果负责，也不需要为环境治理付出相应的代价，这就在无形中助长了一部分人破坏自然的行为。经济负外部性是导致生态环境问题产生和恶化的根本原因。因此，在开展生态文明审计时，我们应积极采取合理有效的方法，对经济负外部性问题进行全面深入的调查和分析，并根据实际情况，积极探索科学合理、有可行性的对策。

三、生态经济学理论

简单来说，生态经济学理论是一门以经济实践与自然环境的和谐共处为核心内容来进行探讨和分析的科学，其目的是在保持生态平衡的前提下，促进经济平稳健康可持续发展。生态经济学理论是以人类实施的经济行为为切入点，注重并加强了相关学者对生态系统和经济系统相结合而形成的综合系统的探讨和分析，以期在探明生态经济发展特征和规律的基础上，找到经济发展与生态环境之间的最理想的平衡点，从而促进二者和谐共处、协调发展（黎明等，2015）。因此，生态经济学理论不仅可以为妥善处理生态环境问题、制定经济与自然生态的协调发展战略提供有益指导，而且可以清晰直观地反映生态环境与经济社会间的内在关联，从而帮助人们设定合适的生态审计目标，即在不对生态环境造成任何伤害的基础上，促进生态系统、经济系统之间友好共存、和谐发展。此时，生态文明审计能够借助科学合理的审计手段，对特定对象开展的各种实践活动进行全面监督及客观评价，以此检查其是否在发展过程中做出了有损于自然环境的行为，同时对其破坏程度进行科学合理的评定。

四、国家治理理论

国家治理理论以业内人士比较熟悉的社会中心论为切入点，根据民众提出的合理诉求对国家及政府部门的责任、行为进行严格合理的规制（徐湘林，2014）。国家治理的根本目的是保障国家安全，维护社会安定、和谐发展，促进经济稳健、长效发展，依托国家具有强制性的政治权力，对各相关利益方进行科学合理的协调，针对发展过程中暴露出来的各种社会问题、经济问题进行深入剖析，并积极探寻合理有效的应对策略。在国家治理体系中，生态文明治理尤为重要，它与经济治理、政治治理等并重。对于生态文明审计和国家治理来讲，两者的联结点是其共同肩负的责任即“善治”。作为生态治理领域中不可或缺的重要工具，生态文明审计可被视为生态“善治”的有效手段。国家治理需求直接明确了生态文明审计的内容和形式，并且对其审计发展趋向产生了较为深刻的影响。由此可知，我国推进和实施生态文明审计有助于获得良好的生态治理成效。

五、“两山理论”

习近平生态文明思想是习近平新时代中国特色社会主义思想体系的重要组成部分。“绿水青山就是金山银山”理念（简称“两山理论”）对我国生态文明建设、绿色发展具有重大的指导性、方针性意义。“两山理论”充分反映了人类在发展过程中对于自然生态环境的认识和追求，强调人类在通过改造自然来获取经济发展的过程中，必须要做到严格遵循自然的客观发展规律。“两山理论”明确要求我国在经济发展的过程中，要正确处理好经济与生态环境保护之间的基础性关系，明确了我国的经济发展不能以牺牲生态环境为代价。保护生态环境就是促进社会生产力发展，也就是推进我国经济稳定和健康有序发展，从而不断提高人民生活质量和水平，实现生态文明。

然而，传统生态文明审计主要关注自然资源的原生价值，未重视绿水青山价值多元转化，也忽略了维护绿水青山的重要性。在“两山理论”指导下，我们应重新审视我国目前的审计方法，确保审计体系和方法符合我国现阶段的发展任务和需求，从审计专业角度促进我国的生态文明建设，实现“绿水青山就是金山银山”。

因此，“两山理论”应是生态文明审计的理论基础。“两山理论”的生态发展观不仅丰富了生态文明审计的“绿水青山”生态原生价值审计内容，还丰富了其“金山银山”审计内容。

换句话说，“两山理论”丰富了生态文明审计的内涵，将仅关注环境质量、资源利用效率、排污处理等传统环境审计内容，拓展成为绿水青山和金山银山为一体的、绿水青山和金山银山相互转化的审计研究。“两山理论”赋予了生态文明审计生态经济化、经济生态化和生态人文化的理念，把“金山银山”审计融入生态文明审计，使人民群众的生活生态感、生态获得感、生态幸福感成为生态文明审计的重要内容和价值取向，从而完善和丰富了中国特色生态文明审计的理论基础。

第二节　生态文明审计的动因分析

针对生态文明审计的动因，各国学者纷纷从不同层面出发对其进行了全面深入的论述，不同学者提出了不同见解，特别是近年来有很多学者将目光聚焦于生态经济学、可持续发展等相关理论并对其进行了细致全面的分析，取得了一系列研究成果，这为生态审计动因的揭示提供了有益参考。

一、公共受托责任

公共受托责任向纵深拓展是生态文明审计产生和发展的根本动因。审计是基于公共受托责任而形成和发展起来的，这便意味着公共受托责任是审计形成与发展的内在源泉。在社会经济保持迅猛发展态势的背景下，公共受托责任逐步朝着纵深方向延伸，形成了两大分支，一是公共受托管理责任，二是公共受托社会责任，其包含的内容也随着时代发展变得越来越完善，如涉及保全责任、绩效责任等。在各种各样的责任中，公共受托社会责任尤为重要，它直接代表了公共受托责任的未来发展趋势。生态环保责任属于公共受托社会责任。从人类发展角度来讲，伴随着人类文明的不断进步和社会经济的持续发展，人们急切地希望政府及相关部门能够积极履行责任，在受托管理公共资源的过程中，采取各种科学合理的方法及措施维护并关爱自然环境，为广大民众构建一个优美的生态环境，并能够让民众公平地享受生态发展、经济发展方面取得的一系列成果。在此背景下，生态文明审计应运而生，可以说，它是公共受托社会责任向纵深延伸的重要衍生品，是确保环保责任全面践行的有效调节体系；从实践层面而言，我国要想全面监督并客观评价生态环保责任履行情况，就需要进行生态文明审计。

二、生态环境日益恶化及社会公众对生态保护的现实需求

生态环境日益恶化及社会公众对生态保护的现实需求是生态文明审计产生和发展的外驱动力。当前，我国生态环境受到了一定程度的破坏，各种环境问题频出且有加剧的趋势，如生物物种减少、生态多样性减弱、水资源污染问题突出等。若想彻底消除生态危机，妥善有效地处理各种生态环境问题，不仅需要大力发展科学技术，也应积极采取行政、经济等方面的综合措施。我国主张推行生态文明审计就是一种较为有效的解决方法。其原因在于，在制定环保法规的过程中，立法人员需要审计部门从其专业角度出发提供合理的建议；为确保环境法规制度得到全面贯彻，国家会要求审计部门针对环境合规性问题展开专业规范的、严格的、全面的审计；为提高环保部门的工作效率及工作质量，国家应要求审计部门针对环境绩效展开严格的、公平的审计；为检验环境信息的精准性与全面性，应要求审计部门针对环境财务展开严谨的、科学的审计。由此可见，推行生态文明审计不仅高度适应时代发展需求，也是积极回应民众环保诉求的有效手段。

三、生态环境保护理念的深入普及

生态环境保护理念的深入普及为生态文明审计产生和发展奠定了思想基础。自古以来，中国就提倡“天人合一”的理念，其实，这不仅仅是一种宇宙观，也是一种典型的生态观。就生态观来说，其中心思想是主张人和自然和谐共存、协同发展，这为生态文明建设工作的正常开展夯实了重要的理论基础（陈文，2008）。在数千年的岁月洗礼中，人类相继经历了原始文明、农业文明、工业文明，目前正处于生态文明时期，在此过程中，人们对自然的态度和利用方式发生了显著变化，最初是敬畏自然、利用自然，后来强调征服自然，现在则主张爱惜和保护自然，这从侧面反映了“天人合一”思想具有较强的辩证色彩，并且符合时代发展要求。所以，“天人合一”理念受到了人们的关注与认同。此外，习近平总书记提出了“创新、协调、绿色、开放、共享”的新发展理念，其中，“绿色”发展理念占据着举足轻重的地位，其基本要义是人和自然之间友好共存、协调发展，应尊重并适应自然发展规律，促进人类和自然环境之间形成良性互动。“绿色”发展理念可以说是马克思主义生态观中国化的最新成果，为我国构建环境友好型社会提供了有益指导。它和我国古人提出的“天人合一”思想高度统一。可以说，“天人合一”思想的提出与发展为“绿色”发展理念的诞生提供了重要的哲学依据。整体来讲，各种思想理念的提出与发展为我国推进生态文明审计提供了重要指导。

四、国家可持续发展战略全面实施

国家可持续发展战略全面实施为生态文明审计的发展提供了强大动力。国家可持续发展战略的践行高度依赖于各类资本，如物质资本、生态资本等，若只强调物质资本的积累，而不重视生态资本的汇集，那么，可持续发展战略势必无法顺利实现。鉴于此，国家将可持续发展战略对生态资源的保护利用诉求转化为可用的公共政策资源。在此情况下，国家可持续发展战略的积极贯彻与有效践行，可以为生态文明审计工作的正常开展提供可靠支持，同时也能够在很大程度上促进生态文明审计事业稳健化、长效化发展。国家在推进可持续发展战略的过程中，明确指出人类实践活动应适应自然环境发展规律，促进两者友好共存、协同发展，绝不可以牺牲自然环境的方式谋求社会发展。所以，在汲取历史经验和教训的基础上，我国立足于基本国情，为全面践行可持续发展理念制定了一系列战略计划。我国推进生态文明审计是为全面践行可持续发展理念而采取的一项重要措施，它不仅能够推动社会经济稳健长效发展，还能够使人类和自然友好共存。所以，在当前发展环境下，可持续发展战略备受各界人士关注，它不仅在生态文明建设中占据着举足轻重的地位，而且也为生态文明审计向纵深发展保驾护航。

五、生态文明建设的必要环节

生态文明审计是生态文明建设的一个必要环节。在此，我们需要对生态文明建设做出以下说明：第一，生态。简言之，生态就是一切生物的生存和发展状态，反映了有机体之间及其和环境间的内在关联。生态与环境相近，但又有所不同。环境一般是指人类周围所存在的物质条件，可大体分为自然环境和社会环境两类。很明显，生态强调的是人类生存与发展的本底状态，侧重自然环境方面。第二，文明。概括来说，文明主要指的是人类在生存和发展过程中取得的各种成果，反映了人类的发展面貌。它和“野蛮”保持着鲜明的对立关系，与文化相区别。一般来说，文化主要指的是知识、道德、生存能力等（爱德华·泰勒，2005），是一种人类存在方式。有文化是文明的一种表现，没有文化并不意味着“野蛮”。文明比文化要高一个层次，更侧重于社会层面。第三，生态文明。生态文明可被简单地理解为独立生态系统表征出来的一种优良或先进的文化状况，是人类发展过程中形成的人与人、人与自然、人与社会相协同、相统一、相和谐的交融状态。在这里主要是指后者，即指人、自然和社会的生态文明。其中，人的生态文明和自然的生态文明是微观的，是与物质生产和交换方式即利用和改造自然有关的一个谱系；人与社会的生态文明是宏观的，是与人类社会发展即改造和变革社会来实现人的全面发展有关的一个谱系。两者都强调人对自然、人对社会的认知程度，它们互为因果、辩证统一。第四，生态文明建设。生态文明建设是一项充满复杂性且难以顺利实现的工程，需要政府、市场、社会和国际的整合协同，需要部门、企业、团体、家庭和个人的积极参与。其中政府、企业和个人是关键。政府是生态文明建设的主导者和监管者，其理念、方向、顶层设计是否科学、合理、可操作，直接关乎生态文明建设的成败；公司是经济活动的主导者和参与者，同时也是大部分污染物的制造者，其生产行为或方式是否绿色、循环、低碳，直接影响生态文明建设的成败；个人是经济社会中的主要消费者，是生态环境恶化的间接推动者和直接受害者，其消费模式或范式是否简约、节俭、生态，直接或间接影响生产方式和经营模式是否能实现绿色化或低碳化。第五，生态文明建设发展。总体来看，我国生态文明建设经历了以污染治理为核心的环境治理、以污染防治为重点的环境保护、以“经济建设、城乡建设、环境建设‘三同步’”为要求的生态示范、以“综合保护与整体建设”为架构的生态综合和以全面推进生态文明建设为总纲的生态文明等五个认识和发展阶段。生态文明建设是对构成人类社会可持续发展的生态、经济、社会三大系统的解构、优化与重组，是社会主义文明整体及其创建实践中适应自然或生态关系的那一部分，是社会主义现代化或经济社会发展的绿色向度（郇庆治，2014），生态文明建设工作不可随意开展，也不可急于求成，它应是在严格按照“四梁八柱”制度规范的基础上，投入巨大人力和资金来抓的重点建设项目，并应全面贯彻《大气污染防治行动计划》《水污染防治行动计划》和《土壤污染防治行动计划》等各种相关计划。其中，首先需要政府部门增强环保意识，高度重视生态文明建设工作，制定一系列严谨合理且具有良好可行性的政策制度，为生态文明建设工作顺利开展提供可靠指导。同时，需要积极扩大其筹融资渠道，特别是要充分发挥资本市场在资金募集方面的优势，规范合理地管理并分配资金，确保每一项资金都用到实处，不可出现资金浪费或者利用效率较低的情况。生态文明审计工作的规范开展为生态文明建设资金的高效管理、合理应用提供了可靠保障（谢志华等，2016），但是其对生态文明建设资金及其运动进行经济监控的初心并没有改变，也不应该改变，否则也就不能称其为审计了。当然，这并不是说生态文明审计仅对生态文明建设资金的真实性、合法性和效益性发表审计意见，即不局限于财务收支审计，还包含管理系统审计、制度遵守审计、资金财务审计、责任或绩效审计等多种审计业务和类型，在生态文明建设过程中发挥着评价、鉴证、揭示、预警、抵御和威慑等作用。再者，生态文明审计对生态文明建设的促进作用是十分明显的，尤其是在促进生态管理全面优化和可持续发展，推动生态管理在企业组织中的实施（迪特里希，英奥纳多，2013）和提高企业组织对生态环境保护法规的长期遵守性（伊万斯等，2011）等方面。生态文明建设要求我们必须认识到人口、资源、发展与生态之间的辩证关系，并正确认识到经济发展、社会进步与生态保护是共同构成人类可持续发展不可或缺的重要组成部分；彻底摆脱粗放式经济发展模式，改变不理智的消费习惯和消费形式；必须完善包括组织架构、计划、职责、程序、执行、检查、行动、信息披露、资源储备和政策稳健等在内的生态文明管理系统，进一步要求我们必须将生态文明建设全过程纳入审计范畴。也就是说，生态文明审计是生态文明管理系统稳定可靠运行的重要保障，同时也是生态文明建设过程中不可或缺的一环，除此之外，它还是一种完善严谨的全过程审计监督模式。

第三节　生态文明审计面临的问题

一、对生态文明建设的认识片面，缺乏生态伦理观念

首先，现在大部分人未对生态文明形成正确全面的认识，都或多或少地存在一定误解，而这在一定程度上制约了生态文明审计工作的有序化、规范化开展。有学者表示，生态文明是一个相对较为笼统且抽象难懂的概念；但也有学者表示，生态文明建设并不难理解，它只是资源环境保护的一种新称呼，二者之间并无本质不同；还有学者表示，生态文明建设是一项与普通民众关联微弱的事务，主要和国家政府相关；还有一部分学者表示，生态文明建设不单单包含了对资金的筹集、管理和监督，还涵盖很多专业性内容，与传统审计之间存在明显差别。

其次，很多人没有认识到生存环境的严重恶化。西方科研人员提出，全球升温是地球气候变化的不可逆转点，若气温持续升高，即意味着全世界范围内的所有冰河消失，并且包括中国在内的大部分国家及城市都会出现四层楼以下被水淹的现象，而这势必会对整个人类带来难以预估的灾难。从生存空间方面来讲，在过去五十年里，世界人口翻了一番，这使人类生存空

间缩小，耕地面积大幅减少。从资源利用方面来讲，我国存在着资源利用水平不高、农业灌溉用水系数比较低、单位面积采暖能耗过大，单位产值排污量相对较大等情况。大量事实证实，人类开展的各种实践活动对生态环境造成了严重破坏，基本上在地区自我净化、自我修复的边缘徘徊，人类对自然资源的过度开采也得到了自然的疯狂“报复”，最关键的是，有相当一部分自然破坏是无法修复的。近年来，我国民众备受雾霾的困扰，为避免有毒物质被吸入口、肺，很多人都佩戴了口罩。越来越多的良田沦为无使用价值的荒沙劣土。所以，当前应重视并加强对生态环境的爱惜与改善，着力构建人与自然协同共存的良好关系，只有这样，才能够促进人类可持续发展。

再者，生态伦理观念薄弱，制约了审计工作的能动性的提升。由于先前过度强调经济建设，使人们逐步形成了比较计较个人得失、将金钱看得比较重要的思维模式，同时也形成了以财富的多少评判个人成功与否的价值思想，政府部门为了提高政绩，罔顾当地情况，大兴土木，未加考虑便引入容易对环境造成破坏的高污染、高能耗产业等，以上行为均明显有别于可持续发展，同时也不利于维护子孙后代的正当权益。我们应正确认识到，生态环境是社会进步、经济发展的重要根基，若丧失了稳定良好的生态环境，人类就无法正常生存，更别提发展了。所以，我们需要从意识层面入手，将保护生态环境、强化生态治理并重，鼓励并引导经济适度化、合理化发展，而缺乏对生态环境现状的正确认识、生态伦理观念薄弱等因素，导致生态文明审计工作的开展热情不高，从而使生态文明审计的作用未得到全面彰显。

二、生态文明审计刚刚起步，缺乏整体构建

当前，仅有个别地方制定并实施了生态文明审计制度，不

过由于实施时间比较短，还未取得显著成果。在对相关资料进行梳理和查阅后我们了解到，不管是在生态文明审计的内容、实践上，还是在审计流程及路径等方面，均存在着模糊、空白等问题。从内容方面而言，大部分研究只涉及普通的财政财务收支审计，也有研究提及了生态环境内容，不过并没有对其展开细致全面的论述，也未制定一套严谨合理的生态文明审计机制。从审计实践层面来讲，现有研究资料只是粗略地描述了生态建设情况，主要强调资金问题，并未对其审计问题进行详细说明。从方法上来讲，生态文明审计未得到充分关注，当前处于配角地位，一般是在对其他对象进行审计时简单地提及。究其原因不外乎下述几点：第一，生态文明审计对专业要求非常高；第二，涉及农、林、水、畜、电力、钢铁等多个行业，审计难度比较大；第三，与多个职能部门有关，比如国土部门、环保部门、财政部门、宣传部门等；第四，中间环节过多，包含了生产、流通、消费等环节，且涉及国家、省、市、县及乡村等多个区域。因此，生态文明审计涉及范围广，目前缺乏整体性构建。但是，生态文明治理作为国家治理的重要内容之一，应在合理借鉴西方成熟范式的基础上，立足于本国实际情况，建立一套严谨的、成熟的、规范可行的生态文明建设审计机制(邱高松，2017)。

第四节　新时代生态文明审计的理论内涵

生态文明审计涉及多项理论，比如生态经济学理论、可持续发展理论、国家治理理论等，它是对国家或者地区建设过程中取得的各种文明成果的一种监督评价，着重突出人和自然的协调共存的关系。生态文明审计不仅是我国全面开展生态文明建设的有效途径，也是保护和改善生态环境的有效方法。它主要指的是在结合我国生态文明建设内容的基础上，对我国经济发展过程中暴露出来的各种生态环境问题进行严格规范的审计，这对构建资源友好型社会、推进生态文明建设大有裨益（唐洋，2014）。

目前已有大量学者对其进行了定义，但并未形成统一共识。有些学者认为，从狭义层面来讲，生态文明审计主要涉及环境审计、生态审计等。然而，实际上，生态文明审计具有较强的特殊性，它和环境审计、生态审计等大家比较常见的审计在概念上有着本质区别。

一、环境审计

环境审计产生于西方发达国家工业革命全面推进且环境问题日益突出的阶段。在工业化发展速度不断加快的背景下，环境保护问题开始受到各国政府及民众的高度重视。为加强环境保护，各国采取不同措施，从政策层面、法律层面、政府治理层面进行环境治理，环境审计便由此产生。经过多年的环境审计实践，其审计内容可大体分为两部分：一部分是环境建设审计，另一部分则是环境污染治理审计。可见，环境审计强调的是评价人对自然环境的影响，而生态文明审计侧重的是人与自然环境相互影响的评价。环境审计产生于西方发达国家企图解决在工业经济快速发展过程中出现的严重环境污染问题，而生态文明审计则是依据我国经济发展中产生的生态问题，结合国家对生态文明建设的要求应运而生的。环境审计侧重对环保专项投入资金及政策执行情况的审计，生态文明审计简单来讲是结合环境审计内容，有计划、有目的、有步骤地向低碳资源利用、生态文明政策的执行及生态文明绩效审计等相关领域延伸（席龙胜，2015）。但是，生态文明审计和环境审计的不同主要在于审计的对象和侧重点不同，具体反映为下述几点：第一，形成的背景不同。20 世纪 60 年代左右，西方资本主义国家推出了环境审计。西方国家的工厂、公司等私人单位在谋求发展、创造利润的过程中引发了难以修复的环境污染问题，1972 年，联合国环境会议通过了《人类环境宣言》，为环境审计的形成和发展夯实了基础。而生态文明审计则是我国在立足于生态文明建设需求的基础上，结合经济发展过程中暴露出来的一系列环境破坏问题而提出的。第二，动因不同。环境审计的实施初衷是根据水、空气等相关环境污染问题，采取合理手段加强对环境的综合化、高效化治理，以期在降低环境污染水平的前提下有效改善环境质量。生态文明审计的切入点则是人和资源消耗、人与生物、人与自然环境等因素之间的彼此制约，所以，其起点明显更高，覆盖的视野也明显更广阔。第三，审计的侧重点不同。对于环境审计来讲，其主要内容是环境保护专项资金的管理及使用情况、政策落实情况等。而生态文明审计的主要内容是在以科学发展观为统领的前提下，涵盖了环境审计的所有内容，同时高度重视生态环境政策的落实情况及对生态绩效等相关内容的规范化、专业化审计。

二、资源环境审计

长期以来，我国经济保持着高速发展的态势，但是粗放式的发展模式也使环境遭受了破坏。在生产领域表现为高耗能企业导致资源消耗过多并造成自然环境超出了其承载力，污染严重使人类生存环境受到了破坏。为打破原来的粗放式发展模式，资源环境审计得到了国家重视，开始注重对资源、环保开发利用进行审计，尤其是一些资源环境保护的法律法规得到修订完善，为资源环境审计提供了更加有力的依据。资源环境审计重点关注能源、水、土地的消耗，以及生态系统保护污染防治处理等。总而言之，资源环境审计评价人类依托对资源的开采与加工等一系列实践活动对生态环境施予影响，特别是生态系统。我国资源环境审计简单来讲指的是基于生态环境保护和改善的投入及产出数据之上而展开的经济监督活动（谢志华，2016）。资源环境审计的内容主要包括环境、资源和资产，它们都属于物质范畴，因此资源环境审计评价的是人对环境、资源和资产等生态的影响，强调人与自然的和谐关系，即通过审计减少物质对人类的影响。

三、生态审计

由于资源环境审计的涉及面还不够广，它关注的仅是环境污染治理、资源环境保护政策、资源环境治理措施等资源环境问题，因此，生态审计基于环境审计、资源环境审计之上对人与自然的和谐关系做了进一步延伸，强化了对生态的保护、改善及破坏情况的全面监督、客观评价，以此在协调经济发展与自然环境关系的同时，促进人类实现可持续发展。生态审计作为新概念，无论是对其进行的理论探讨，还是实践分析，都非常少，现有的相关文献资料也只是侧重于基本概念的描述、审计方法的论述等。在西方国家，生态审计比较强调企业内部审计，基本上都是企业在运营和发展过程中创建生态管理体系，比较强调预防管理。卡伦巴赫等（1993）阐述生态审计是从人和自然价值平等的深生态层面出发，在哲学理念的指导下，深入细致地分析了公司运营和环境之间的关系，同时对两者间的影响效应进行了全面细致的研究。IFAC（1995）指出生态审计主要指的是审计者抑或是审计部门将目光聚焦于相关公司，对其展开规范、全面、严格地调查研究，客观准确地评估其实施的各项行为对生态环境所带来的各种影响，就如何抑制对自然环境、人类健康的消极影响提出具有建设性的应对策略。英国政府将生态审计视为应对资源危机的有效手段。在我国，生态审计被看作一种以整体观为基础而形成的组织生态管理模式（李明辉 等，2011）。毛敏（2007）认为生态审计指的是公司在充分考虑自然生态系统有机循环机制的前提下，立足于人和自然的关系，构建起严谨合理的审计模式，将企业运营和发展过程中所涉及的各个流程类比于自然生态链的关系，从而实现提高资源利用率、减少环境污染、推动经济发展等目标。生态审计主要是指在生产经营活动中，存在的一种独立性经济监管行为，目的是最大限度地确保生产经营活动能够合法合规，并减少对生态环境的污染破坏，严格依照国家规定的排污标准来执行，把经营活动纳入可控的生态管理范围内（张亚连，李彩，2013）。从根本上来讲，生态环境审计是由环境管理向生态管理的范式转变，比较强调环保评价、环境要求等相关内容，其根本目标是将企业在运营和发展中对环境造成的破坏和污染降低至最小（边静，2010）。我国生态审计主要从绩效评价层面出发，比较注重事后监督，致其系统功用难以全面彰显。现在，我国正积极探索国家环境治理审计、生态审计等方法，为多元生态审计模式体系的形成夯实了基础，引入并应用了财政审计、经济责任审计等，强调对环保资金利用情况、项目环保制度等相关内容的评价与分析。

基于上述分析我们能够了解到，生态审计是在生态学等相关理论的指导下，通过科学合理的方法，对人与自然环境之间的关系进行全面深入的分析，它不仅包括财政财务收支活动，也包括政治、法律、社会、生态等在内的各种人类行为实践，特别是与水、土壤等自然环境之间具有密切关联的问题。此外，生态审计也是生态系统平衡及资源高效利用的重要屏障，是对人类生存和发展过程中引发的各种生态环境问题进行应对和处理，并对相关经济活动的效益性、客观性等展开系统全面的评价与分析，以促其满足可持续发展要求。从根本上来讲，生态审计属于监控工具。生态审计重视并强化对生态风险的识别与评价，其应用范围比较广，现已在产业生态学、城市生态学等多个学科中得到了大力推广和积极应用。推进生态审计不仅能够促进现行政治经济制度进一步改善与优化，还能够促进生产生活模式实现科学合理的调整。在当前发展环境下，积极开展生态审计工作有助于新型城镇化建设有条不紊地进行。

随着我国市场经济的深入发展，国家审计制度的确立与实施为经济稳健有序发展、民主法治建设提供了可靠支持，从环境审计、资源环境审计、生态审计的逻辑进路的不断深化，初步形成了新时代中国特色社会主义生态文明审计的内涵。但是，环境审计、资源环境审计、生态审计评价的仅是人对自然、资源和生态的影响。就现状而言，尽管这些传统审计作为国家治理的一项重要工具在生态文明建设过程中起到了一定的监控、预警、揭示及修复作用，但受审计内容单一、审计人员或者组织未保持较高独立性、现行法律制度不健全、审计人才队伍薄弱等限制，这些审计尚不能完全满足生态文明建设过程中所产生的新的审计要求（王冰，2018）。

四、生态文明审计

我们要客观认识到，生态文明建设并非指生态环境建设。生态文明主要指的是在新时代发展环境下，人类为构建美好家园而取得的各种成果。因此，生态文明审计与环境审计、资源环境审计、生态审计的关注重点与评价人对环境、资源等生态环境的影响有所不同，生态文明审计着重突出的是人和自然之间的和谐发展关系，即反映在审计工作开展过程中，促进精神文明与物质文明等之间实现融合化发展。因此，作为随着新时代发展而确立的一类重要审计工具，生态文明审计是国家治理体系的重要内容之一，对生态文明建设发挥着监控、预警、揭示、纠偏及修复职能（唐洋，2014）。

首先，生态文明建设逐步形成了政府发挥主导作用、市场规范有序运行、社会各界人士积极参与以及国际协同合作的发展格局，其总目标能否顺利实现、各项工作能否正常开展均取决于资金支持强度的高低。从某个层面来讲，生态文明建设其实是一个资金投入、管理、利用、产出的过程。它不仅直接影响了生态文明审计的发展趋势，也对其工作边界产生了较为深刻的影响。也就是说，生态文明建设资金投入和应用于哪个环节，审计即需要进行至哪个环节。其次，生态文明审计需要在充分考虑生态文明建设情况的基础上，以人、自然与社会发展层面为切入点，在可持续发展理论的指导下，对被审计对象在促进人与自然友好共存、协同发展过程中得到的各种成果进行全面动态的监督、公平合理的评价，从而保证生态文明建设朝着既定的方向规范有序发展。换言之，生态文明审计是一种包含了政策执行性审计、节能减排审计、生态文明绩效审计等多类不同审计的复合性、系统性审计，是生态文明建设和发展中尤为重要的监督手段。只要涉及资金委托代理的生态文明建设事项，都应严格按照相关方法和流程进行专业规范的审计、评价及鉴证，需要对其资金使用情况进行全面监督及客观评价，最后根据实际情况出具严谨合理的审计建议。生态文明审计是审计促进生态平衡，对生态文明建设物质成果和精神成果进行监督、评价和鉴证的总对策。再次，开展生态文明审计的主要目的是提高环境质量，推动社会实现真正意义上的可持续、稳健化、长效化发展，由审计主体在严格按照现行法律制度的基础上，根据实际情况，选取科学合理的方法对被审计对象实施的各种行为是否破坏环境、是否危害人类健康等展开全面动态的监督以及公平合理的评价，以期在督促被审计者合法经营的同时，促其增强责任感，积极肩负起保护生态环境的重要使命，推动社会健康、规范、有序发展（郑国洪，朱芳芳，2015）。总而言之，生态文明审计是新时代发展环境下保证生态平衡发展、构建环境友好型社会的重要工具，通过对被审计对象的业务行为、生态制度机制等的全面监督及合理评价，立足实际情况出具严谨合理且具有建设性的建议，由此实现人与自然友好共存、协同发展。

但是，我国对生态文明审计的研究刚刚起步，还有很多地方需要做进一步探讨和分析。一是应加强对生态文明审计的评价标准研究。目前，我国还未制定一套统一规范、严谨清晰的评价标准体系，与生态文明审计相关的法律文件也不完善，这在很大程度上制约了生态文明审计工作的顺利开展，由此造成的后果是审计质量无法得到有效保证、呈现出较强的随意性、难以获得他人的认可、说服力及公信力都比较低，且这也直接反映了我国应进一步加强生态文明审计研究。二是生态文明建设的迫切要求，现实意义较为突出。我国应在生态文明建设持续推进的大环境下，明确生态文明审计的理论含义、作用机制及实现路径，厘清生态文明审计的基本框架，促进生态文明审计的内容、实践、方式方法的科学发展。

第五节　生态文明审计的原则

审计原则简单来讲是审计人员在开展审计工作时需要自觉遵守的价值理念，是审计理论体系中的重要构成，能够对审计工作者及其开展的工作产生合理有效的约束作用。针对生态文明审计制定严谨合理的原则尤为重要，它能够为生态文明审计工作的开展提供良好依据，能够促进审计工作者的专业技能和综合素养得到全面提升，从而促进审计工作高效高质开展。生态文明审计是传统审计在生态文明建设方面的扩展和提升，因此，其原则具有传统审计的一般特性，与此同时，其还要考虑生态环境、生态文明、社会效益、经济效益等因素，所以也具有独特性。

一、独立性原则

独立性是确保审计工作公正高效开展的重要前提，也是审计的一项重要特性。在开展生态文明审计工作的过程中，相关人员应坚持独立性原则，也就是说审计工作者无论是在最初编定审计规划、收集审计证据信息等环节，还是在最终出具审计建议时都需要保持自身的高度独立性，以此实现对特定项目的客观化、全面化、合理化评价。

二、公正客观原则

在生态文明审计过程中，需要确保审计评估结果的客观性、准确性，确保各项资金得到高效合理利用，在保证决策合理正确的基础上获得可观的投资效益。

三、联合审计原则

生态文明审计是传统审计与生态环境管理、生态文明建设评价工作的综合，对审计工作人员的专业性要求比较高，不仅需要全面深入地掌握传统审计知识，还需要具备客观全面评价生态文明建设的能力，能够根据具体情况做出专业合理的判断并给出合理可行的建议。因此，相较于传统审计来讲，生态文明审计需要多领域不同专家的联合协作，如对生态环境和生态文明建设问题了解比较全面深入的科学家、环境卫生研究者等。联合审计原则主要指的是在开展生态审计工作的过程中，将审计工作者和各领域相关专家进行合理安排，共同组成一个审计小组，促使其共同致力于生态审计工作的高效化、规范化、有序化开展。

四、重要性原则

重要性原则的主要目的是在减少生态文明审计资源投入的同时尽可能地减弱审计风险。首先，为减少生态文明审计资源的投入，在选取审计对象时，应选择那些投资额较高、环境影响较大、社会关注度较高的生态文明工程项目进行审计；其次，为防范审计风险，在具体生态文明审计业务中，应当设定审计评价的重要性标准。

五、重视事前审计和事后审计原则

生态文明审计的根本目标在于提高与改善生态文明建设过程中的经济效益、社会效益和环境效益。这决定了生态文明审计比传统审计更加重视事前和事后的审计。首先，生态决策失误和不合理的生态破坏行为不仅会导致生态系统受到严重损害，而且也会对国家和社会造成难以估量的损失。所以，在正式开展生态文明建设项目之前，应借助事前生态审计的方式，从多角度出发对项目是否可行进行全面深入的探讨，以此做出明确合理的决策。其次，需要从发展的角度审视和分析生态文明建设项目，不可只着眼于眼前利益。整体来讲，在进行生态文明审计时，应重视并强调后续的回访审计，以此检查评价建议的贯彻和执行情况。

六、当期经济效益与长远经济效益相统一的原则

生态文明审计的可持续发展基础决定了生态文明建设项目的立项、可行性研究、竣工决算等各个方面都要充分考虑国家产业政策和环境政策。因此，当经济效益与长远的经济效益出

现矛盾时，要相互协调、力争统一。

七、经济效益、社会效益和生态效益相结合的原则

建设生态文明，在强调社会效益与经济效益相统一的同时，更应注重社会效益与生态效益。只有把经济效益、社会效益、生态效益三者有机地结合起来，才能全面推进生态文明审计工作。

八、规范性和灵活性相结合原则

作为随着新时代发展而形成的一种新审计业务，生态文明审计发展的时间比较短，可供借鉴的历史经验非常少，而其配套的审计准则等相关规范目前正处于编订状态。因此，在生态文明审计过程中，应引导业内相关人士从不同角度、不同层面出发，探寻各种科学合理的审计模式。关于审计流程及审计方法，可以根据具体情况自主选择。

九、创新性原则

生态文明审计的目标设置与传统审计相比更具有综合性。生态文明审计的目标包括经济性、效率性等多重目标，而这直接决定了生态文明审计内容的多元化和丰富化，从而决定了其审计方法和模式复杂多样，因此在生态文明审计的全过程中，更需遵循创新性原则。

十、定量分析与定性分析相结合的原则

生态文明审计涉及经济效益、社会效益以及生态环境效益等，其中经济效益和多数生态环境效益基本上可以通过严谨合理的数学模型展开定量分析，而社会效益则受其自身特性的影响难以进行精准的定量研究。因此，在生态文明审计中，应采

取定量分析和定性分析相结合的方法，来保证生态审计评价的严谨性、客观性及合理性。

第六节 生态文明审计目标

审计目标是审计理论体系的重要前提。自“生态文明审计”这一名词提出，就有许多国内的学者对其进行广泛深入的探索和研究，如今已经取得了一定的研究成果。但是，在生态文明审计目标方面，我国还没有能够制定出一套完整的生态文明审计目标体系。从整体范围上来看，生态文明审计比较强调各类交易活动对生态环境造成的各种影响，生态文明审计范围要比环境审计更加广泛，程序的执行方面相对来说也要更加复杂。所以，我们有必要对生态文明审计理论展开全面深入的剖析，也应在充分考虑各方面因素的基础上构建一套严谨规范、科学合理的生态文明审计目标体系，重视并强化对生态文明审计实现路径的讨论，以此推动经济系统与生态系统之间和谐共存、环境协调。

作为国家治理体系中不可或缺的主要构成，生态文明审计应当在生态文明治理中发挥重要的预防、抵御作用。确立完善严谨、规范合理的生态文明审计目标体系不仅有助于充分彰显生态文明审计的优势，还能够着重反映生态文明审计的本质，除此之外，还可以强化理论研究与实际应用的结合。

本书根据生态文明审计的概念及其理论体系初步构建了一套相对较为完善合理的生态文明审计目标体系，主要涉及总体目标、本质目标、具体目标、项目目标。其中，总体目标占据着至关重要的战略地位，本质目标是核心内容，具体目标是对本质目标的客观反映，项目目标则是对具体目标的详细论述。

一、生态文明审计的总体目标

如今，人类对大自然的破坏已经走到了难以修复的边缘，对生态环境的破坏所造成的后果往往需要很长一段时间才会恢复，有些甚至是不可逆转的。人类工业的快速发展，释放的温室气体增多从而造成温室效应；肆无忌惮地滥砍滥伐不仅使得森林覆盖面积锐减，也使得水土流失现象日益加剧；对草原的盲目开发及过度开发，引发了严重的土地荒漠化问题等，都是我们人类发展对大自然造成的不良后果。生态经济协调理论主张，应采取合理手段科学地协调人类行为与自然环境间的关系，希望能够早日实现生态经济和谐发展。

在推进生态文明建设的过程中，生态文明审计发挥着极其重要的作用，应将人与自然协调发展视为总体目标。因此，生态文明审计有助于我们处理好人类发展与生态环境保护之间的关系，走生态文明道路，令构建美好的生态环境成为人类生活实践的重要追求，使我们人类时刻树立生态保护意识，积极捍卫国家生态安全，全面推进国家治理，将经济、社会和生态和谐发展确立为生态文明审计的总体目标。

二、生态文明审计本质目标

本质目标简单来讲指的是生态文明审计在某时间范围内或者某阶段确立的整体性目标。本质目标具有统领具体目标与项目目标的作用。一般而言，生态文明审计的发展趋势主要取决于其本质属性。所以，在构建的生态文明审计目标体系中，需客观全面地反映生态文明审计之本质，唯有如此，才能够准确合理地确定其目标及应履行的职能。因此，生态文明审计的本质目标是保证受托生态文明建设责任能够规范及时地践行，并对其获得的绩效成果进行客观公正的评价。需要强调的是，本质目标应在全面领悟国家环保政策精神之内涵、准确把握社会发展现状及生态系统发展情况的前提下进行科学合理的确定，深刻理解生态建设任务。

三、生态文明审计具体目标

近200年内，我们人类所创造的财富和产量几乎是以往人类历史几千年所创造的数百倍之多，但取得这一成果的代价也是惨重的，如果我们不做出改变，那人类将在污染中“慢性死亡”。英国著名的物理学家、宇宙学家霍金在其生前曾留下对人类的忠告，让我们从现在起开始保护我们赖以生存的家园。生态文明审计的具体目标强调对政府受托责任的监督，主要涉及两部分内容：一是加强对生态文明建设专项资金的全面化、高效化管理，确保每一项资金都物尽其用，避免出现资金浪费的情况；二是推动生态环保政策积极执行，及时发现并妥善处理生态问题，促进生态环境质量逐步提升。所以，要想顺利实施生态文明审计，本书将以下几点作为我们生态文明审计的具体目标：一是构建完善的与生态文明审计相关的制度体系以及法律体系。我国已推出《关于开展领导干部自然资源离任审计的试点方案》，不过需要正确认识到，这只是试点方案，尚未形成具体的指导性文件和规章制度，使得实施审计工作的相关人员难以执行具体工作。二是加快树立企业的生态文明意识。就目前情况来看，对生态环境破坏较严重的还是企业，正是企业与企业之间的各种竞争，容易使其单方面的追求利益最大化，从而忽视其对环境所造成的影响。因此，对企业进行严格的监督和评价是实现生态文明审计顺利开展的重要环节。三是督促审计署和地方审计部门间的联系与合作。我国各部门之间应相互配合，各取所长，使得相互之间的资源实现共享并且达到最优配置，从而形成一套完整的生态文明审计体系以确保被审计单位能够认真履行生态文明审计相关的规范体系。

四、生态文明审计的项目目标

项目目标主要指的是面向某一个生态文明建设工程项目或者某特定问题而设定的审计目标。对于具体的生态文明建设项目来讲，项目目标主要包括以下内容：检查当前项目是否符合现行相关审计政策制度；各政府制定的环境管理体系是否严谨合理且具有良好的可行性；项目工程预算是否严谨合理，是否满足经济性要求；项目资源能否全面整合及优化配置，其利用水平是高还是低；全面持续地监督项目资金管理及应用情况；全面严格地监督相关领导的责任落实情况；及时发现项目建设过程中潜在的风险和隐患，深入分析其原因，提出针对性建议，促进整个生态文明建设项目工程有条不紊地正常开展。

总而言之，生态文明审计的目标体系建立应是将生态文明审计纳入“五位一体”总体布局之中，从全局出发，以推进绿色发展、循环发展和低碳发展为重要切入点，全面严格地监督相关政策的落实情况及各职能部门的履责情况，在制度调整、政策实施等方面积极扩展新的方法和途径，不断丰富审计内容，合理调整审计模式，确保审计作用得到充分彰显。

第七节　生态文明审计的理性边界

生态文明审计是一种全新的审计业务，应该有一个理性边界。与其他审计一样，生态文明审计也要回答“审什么”“谁来审”和“怎样审”三个基本问题（王爱国，2017）。

一、生态文明审计“审什么”

生态文明审计要“审什么”？本书认为，生态文明审计要审生态文明建设目标与任务的完成情况，这在宏观上主要涉及政府、企业、非政府组织、家庭和混合体等所承担的生态文明建设责任。具体来说，生态文明审计至少要对以下内容或事项进行系统审计并形成审计结论或发表审计意见：

（1）生态文明制度的健全性、适应性和有效性。生态文明制度是以保护和建设生态环境为中心，调整人与生态环境关系的制度规范的总称（张首先，2010），是生态文明建设的制度保证和规范引导，一般包括原则、法律、规章、条例等正式制度和伦理、道德、习俗、惯例等非正式制度。

（2）生态文明意识的成熟度、认可度和范导性。生态文明意识是反映人与自然和谐发展的一种新的价值观（余谋昌，2000），是生态文明建设的内在价值和理性自觉。

（3）生态文明环境的拥有量、增长率和改善率。生态文明环境既是生态文明本身的物质载体，也是生态文明建设的客体要素，一般包括水资源、土地资源、生物资源和气候资源等各种自然资源。

（4）生态文明建设资金的真实性、合理性和合规性。生态文明建设资金专指国家或政府直接或间接投入的用于各种生态文明建设项目的预算资金，也包括非货币性的实物投资。

（5）生态文明建设绩效的经济性、社会性和公正性等。生态文明建设绩效是生态文明建设的总成果，主要体现为“两型”社会建设是否取得重大进展、主体功能区布局是否基本形成、资源循环利用体系是否初步建立、单位国内生产总值（GDP）能耗和碳排放是否大幅下降、主要污染物是否显著减少、森林覆盖率是否有所提高、生态系统的稳定性是否有所增强、人居生态环境是否明显改善等方面。从微观上来说，生态文明审计应重点审计各级政府和国有企业在生态文明建设方面的“党政同责”和“一岗双责”落实情况。具体包括以下内容：一是企业的生态文明管理系统的科学性、完备性和有效性。生态文明管理系统是企业为保护生态和处理生态问题而形成的一种内部制度安排，主要涉及职责分工、目标方针、实施计划、组织人员、操作规程、步骤程序、配套资金、业务管理、生态记录和评价考评等内容。二是生态文明建设制度的完整性、遵守性和适应性。生态文明建设制度具体包括审计生态意识、生态要素、生态项目、生态行为等。三是生态文明建设行为的规范性、执行性和时效性。生态文明建设行为是经济主体、单位宣传和培育生态意识、创新和完善生态手段、开展和实施生态项目等涉及生态文明建设和保护的一系列活动，涉及被审单位的生态文明战略、规划和项目的建设行为。四是生态文明建设资金的真实性、合法性和效益性。这涉及与生态文明建设有关的政策或制度、运行机制的资金预算、经费使用、项目效益和特殊事项，其中重点要审与生态消耗、环境污染等相关的资金问题。五是生产或生活方式的低碳率、绿色度和标签化等。这包括审生态保护红线、环境质量底线、资源利用上线和环境准入负面清单，即“三线一单”，以及生态文明指数、节能减排项目等与生态文明建设有关的各种专项建设活动。

二、生态文明审计“谁来审”

生态文明审计由“谁来审”？生态文明审计应该或者主要是国家审计的自然领域。在实务中，尽管可以借助社会审计和内部审计等其他审计力量，但是理应形成以国家审计为主，社会审计和内部审计为辅的基本工作格局。因为生态文明建设是一项投入高、融资难、见效慢、利长远的全局工程，涉及人类社会的各方面、各领域，具有战略性、宏观性、整体性和系统性，不是一地、一企、一户的局部事情，必须上升到国家层面，利用政府这一“看得见的手”整合各种资源，打出“组合拳”。总而言之，政府是生态文明建设的天然主体，要主动承担起谋划全局、加大投入、强化宣传和动员各种社会力量以消除生态隐患、维护生态秩序、优化生态环境的主体责任。第一，由于生态文明建设资金具有鲜明的公共性特征，所以，生态文明审计从本质上来讲属于国家审计体系，不过这不能全部一概而论，也存在社会审计等情况。在某些情况下，生态文明审计因其涉及的内容高度，导致其过度依赖于各相关部门的协同合作，例如，若要对臭氧层等跨域项目进行审计，还需要和国际组织进行联系及合作。因此，国际审计、联合审计等均是目前比较常见的审计形式。第二，从国家层面来讲，有必要对各相关部委的具体职责进行清晰全面的明确。生态文明审计理应是对国家审计业务的一种扩展和完善，需要由国家审计主管单位的干部进行统一领导。根据《中华人民共和国审计法》（以下简称《审计法》），国家审计的职责主要包括对国家财政收支情况的严格审计及全面监督等，主要履行经济监督、评价等职能。而国家环境保护部门则与此截然不同，其主要职责倾向于对环境问题的监管、防治等方面，主要履行统筹协调、公共服务等重要职能。但是，在开展生态文明审计的过程中，各方均应有意识地加强协同审计，构建起有益于各相关方交流与沟通的协作机制。

三、生态文明审计“怎么审”

生态文明审计应“怎么审”？作为明显有别于常规审计的一种新审计形式，生态文明审计不仅继承了现有的审计理论及流程体系，而且需要在考虑其审计对象、审计内容等相关因素的基础上制定严谨合理的审计矩阵和审计工具箱。其中，审计矩阵的主要作用是清晰直观地展示某审计计划中的核心元素信息，通常由审计目标、审计范围和技术或方法、审计难题、审计结果及建议等构成。标准的审计矩阵通常是根据某具体项目或者特定内容，将核心审计元素由左至右地线性排列，即以审计目标为起始点，以审计结果和重要发现为终结点。作为一个能够比较准确地概括和评估信息价值的应用工具，审计矩阵既能够在调查早期环节引领审计工作，也能够借助准确全面的审计信息充分反映各个审计工作者在此过程中的辛勤付出。审计工具箱好比一个容器，存放了大量与生态文明审计相关的方法与技术等工具，基于工具的特性可将其大体划分为两类：一类是基本审计工具，比如专家咨询、面谈、问卷调查等；另一类是特殊审计工具，主要包括专家小组、数据分析等。相对来讲，前一类工具的应用频率比较高，后一类工具往往能够对前一类工具得出的结果或者信息做进一步补充和完善。两者融合能够打破各种单一工具的不足，这为生态文明建设审计工作的顺利开展提供了极大便利。

第八节　生态文明审计的重点内容

党的十八大提出要从优化国土空间开发格局、全面促进资源节约、加大自然生态系统和环境保护力度以及加强生态文明制度建设四方面推进生态文明建设。党的二十大指出加快发展方式绿色转型，深入推进环境污染防治，提升生态系统多样性、稳定性、持续性，积极稳妥推进碳达峰碳中和四个方面，作为推动绿色发展，促进人与自然和谐共生的着力点。所以生态文明审计也需要从上述这些方面进行开展。

一、生态文明审计的国土资源开发审计内容

国土资源尤为重要，是国家及其居民生存与发展的重要根基。我国国土资源的基本情况是总量丰富，人均占有量过低，特别是耕地资源严重匮乏，不过目前还存在耕地资源未得到充分利用的情况。有关数据表明，某些地方政府为规避法定审批权限，采取了土地拆分审批的手段；某些开发商在未获得征地资格的情况下，通过租用等手段违规占用农民用地，租赁的土地也在未获得正式审批的情况下擅自建造高尔夫球场等。在进行审计时，审计人员不仅需要准确全面地掌握土地使用权登记情况、土地征收及其当前使用情况，深入实地全面调查当地为改善土地质量、提升土地等级等而采用的具体方法；而且还要对用地人是否在自觉遵守现行相关政策法律的基础上，按照土地利用总体规划规范合理地审批征地，是否自觉积极地推行和实施包括耕地占补平衡等在内的耕地保护制度等进行核实。整体而言，审计部门应在充分考虑国土资源开发专项审计调查结果的前提下，深入实地全面调查、认真分析，梳理出合理严谨的工作思路，将绩效审计灵活合理地融入审计的各个环节，促进国土资源开发效率、利用水平全面提升。结合国土资源开发政策的落实情况、资金管理及应用情况等，对被审计对象的国土资源开发绩效进行客观全面的评价，学会从机制、制度等角度入手剖析现有问题，积极查明其根源，以推动生态文明建设与发展为愿景，提出严谨合理且具有良好可行性的审计建议。

二、生态文明审计的资源节约审计内容

节约资源是随着资源危机日益严峻而提出的新的发展举措，是开展生态文明建设的重要手段，也是构建资源节约型社会的内在需求。审计部门在开展工作时应积极践行节约优先战略，

根据工作实践及其积累的丰富经验编订清晰合理的自然资源资产负债表，加强对领导干部的自然资源资产离任审计，正确认识到其审计的重要性和必要性。在审计过程中，审计人员需要全面准确地掌握目标区域资源规模、质量等重要信息，为自然资源资产负债表的精准化、规范化编制提供可靠依据，同时，结合自然资源规模、质量等相关参数的演变趋势对相关责任的落实情况进行科学合理的评估；需通过各种渠道及有效途径对自然资源保护及利用等相关情况进行全面检查，以此判定是否存在违法违规现象、有无自觉遵守法律政策保护自然资源；需要全面深入地检查现行自然资源管理制度是否严谨完善，制度有无得到积极贯彻和全面执行。基于上述工作，审计人员应着重关注以下领域：常规产业的生态化改造情况；资源开发及利用情况；粗放型发展模式的应用情况；高污染、高能耗产业发展现状或者改造情况；产业结构优化与转型等情况。考虑到上述领域涉及的审计对象、内容等存在跨界情况，单纯地依靠某审计部门往往无法获得准确有效的审计结果。所以，我们需要转变理念，打破单一审计部门全权负责某个项目的常规模式，积极探寻多级部门协同合作的审计模式。

三、生态文明审计的生态环境系统审计内容

从审计视角看，生态环境保护的形势不容乐观。某些区域、单位在水污染防治、资金管理利用方面等存在着各种各样的问题。所以，审计部门应在汲取我国优良文化的基础上，立足于生态文明建设现状，促进生态环境问题得到高效及时的处理。生态环境保护涵盖了多个不同的学科及专业，呈现出鲜明的广泛性、系统性、复杂性等特征。在对重大环境问题、大型生态修复工程建设情况等进行审计时，审计人员应量力而行，学会

借助其他部门或者其他人员的力量，通过环保部门、被审计对象等获取大量的信息，再利用审计采样、比较研究等多重手段提炼出准确客观的信息，及时揭示一些通过常规方法难以察觉的问题或隐患。在完成以上工作后，审计人员需要广泛搜集并深入分析和审计相关的各类信息，敏锐地发现问题特征及演变规律，保证出具的审计建议严谨可行。详细来说，审计人员应根据环保机构确立的生态环境质量指数对目标地区的环境质量情况进行客观全面的评价，同时，加强对环保资金分配及利用情况的严格审计和全面监督；全面深入地调查国家节能减排、碳达峰碳中和政策执行情况，同时对节能减排、碳达峰碳中和指标完成程度进行准确合理的评估等。

四、生态文明审计的生态文明制度建设审计内容

在进行生态文明审计时，审计人员需要全面深入地检查生态文明建设制度有无得到全面贯彻和积极执行，同时也需要核查此制度是否被灵活合理地应用于审计发展规划及方案制定等环节之中。在各类不同专业的审计领域，无论是在最初的审计立项环节，还是在最终的审计终结环节等，审计人员都需要牢记党和国家关于生态文明建设的决策部署。借助推行审计项目，敏锐准确地揭示并严格查处有悖于生态文明建设重大政策要求的行为，同时要客观全面地揭露生态文明建设政策措施不合理、既定的政策目标未顺利达成等一系列问题，积极优化并着力完善生态文明建设制度，促其变得更加严谨、规范、可行。在进行审计时，审计人员需要全面细致地检查资源有偿使用等相关制度是否完善严谨，各项生态文明建设事务的开展有无自觉遵守现行相关法律政策等；同时，需要全面细致地检查重大生态文明建设决策是否在全员共同商议的基础上进行确定，是否存在决策失误，有无对生态环境

带来严重破坏等；除此之外，需要对各部门的履责情况进行全面调查，对各项管理策略的实施情况及其取得的管理成效进行客观全面的评价。在此基础上，审计部门需与生态环境、自然资源等相关部门或机构合作，针对生态文明建设制度的健全和执行展开全面深入的专题调研。针对生态文明建设过程中出现的各种重大问题及一般普遍问题，从多方面入手进行全方位、深层次的探讨与分析，细致全面地分析审计发挥作用机制等。

第九节　生态文明审计与国家治理

一、生态文明审计与国家治理的关系

国家治理体系由多部分内容共同构成，如决策系统、监督系统等，作为典型的监督子系统，国家审计主要肩负着经济监督的重要使命。审计部门的审计监督内容比较多样，有财政预算审计、领导干部自然资源资产离任审计、环境绩效审计等，所以，生态文明审计亦是国家治理体系中不可或缺的构成部分，其核心职能是保证国家生态安全，着力推进生态文明建设。作为一项分支监督子系统，生态文明审计的监督功能目前还没有被全面深入的挖掘，审计部门开展的生态文明审计工作仍相对狭窄，主要集中于环境保护审计。具体有以下两个内容：一是将其视为经济责任审计范畴的重要组成部分，其主要任务是评估公司领导人在责任期间是否重视并强化对生态环境的保护，同时需要将其保护程度进行清晰明确的量化处理；二是将其看作环境保护项目工程决算审计的重要组成部分，其主要任务是对该项目投资成果进行客观全面的评估，这往往无法全面有效地满足国家生态文明建设需求。所以，审计部门需要积极转变

传统思想，立足于全国乃至全世界的立场，进行更广泛的生态文明审计，加强对生态项目专项资金的分配、利用情况的全面监督，及时发现违规违法行为，结合实际情况提供严谨合理、规范可行的应对策略，确保国家生态安全。

二、生态文明审计在国家治理中的职能定位

（一）有利于规范生态文明建设，维护国家生态安全

作为国家安全的重要构成，生态安全是人类生存与发展的根本前提。保障国家生态安全有助于实现真正意义上的可持续发展，是国家治理体系中尤为重视的一个问题。当前，我国经济发展势头迅猛，民众的生活水平大幅提升。不过由于过去部分区域盲目强调短期利益，过度追求经济发展，毫无节制地开采和利用资源，使得多类资源面临枯竭，同时也对自然环境造成了严重破坏。我国人均资源占有量明显低于全球均值，并且耕地面积锐减、水土流失等生态环境问题日益加剧，这既在一定程度上制约了经济稳健化、长效化发展，也不利于人身健康。鉴于此，我国对《环境空气质量标准》等相关生态环境保护的法规标准进行了修订，充分反映出政府对环境保护及治理的高度关注。对于环境问题，最有效、最合理的手段是着力推进生态建设，促进生态系统平衡，实现人和自然的友好共存及和谐发展。所以，国家审计部门需要给予生态文明建设高度重视及大力支持，促进生态文明建设工作井井有条地开展。生态文明审计能够帮助人们及时敏锐地察觉生态文明建设过程中潜在的各种安全隐患及风险，审计人员根据实际情况提供科学合理的审计建议，推动生态文明建设工作有计划、有次序、有步骤地全面推进，确保国家生态安全平衡。

（二）有利于促进生态文明建设，维护人民群众切身利益

人类的行为实践是在某具体的生态环境下开展的，生态环境质量不单单会对人们实施的实践活动产生较为明显影响，也

会对人们的基本生活产生较为深刻的影响。一般来讲，高质量的生态环境对人们维护机体健康大有裨益，同时也能够带给人们良好的体验，促其生活品质得到显著提升。目前，部分区域过度强调经济发展，并且采取的是粗放式经济发展模式，从而引发了一系列严峻的生态环境问题。生态文明建设工作充满了复杂性，涵盖了包括国土资源、环保等在内的多个部门。若只是借助以上各相关部门的力量进行发展和监督，那么极易因外部监管不到位、各职能部门之间协同意识薄弱等因素阻碍生态文明建设工作的正常开展。国家审计保持一定的独立性，在经济调查、评价等方面优势突出，由其负责生态文明审计工作，能够保证生态文明建设资金用途规范合理，全面深入地揭示各种有损民众正当权益的行为，如违法占用耕地等，及时发现生态文明建设过程中暴露出来的问题及其潜在风险，利用出具审计建议等方法督促具体部门整改，健全并优化责任追究机制，为生态文明建设工作顺利开展提供可靠保障，全面改善国家生态文明治理水平，实现对广大民众正当权益的有效维护。

（三）优化资源配置，促进经济发展方式转变

新中国成立后，虽然我国经济发展十分迅速，但是我国仍长期面临着资源短缺的问题。尽管疆域辽阔，资源总储藏量丰富、类别丰富多样，但人均占有量非常低，煤、石油等人均占有量均未达到全球平均水平；资源利用程度的高低主要取决于经济发展模式的好坏，落后粗放的经济发展模式直接注定了资源利用水平低。当前，我国应早日转变经济发展模式，减少资源浪费，全面提高其利用水平。党的十八大明确表示应积极转变经济增长模式，其核心是合理配置资源、促进产业转型等。开展生态文明审计，有助于人们及时了解不科学、不先进的经济发展模式，促进企业引入先进的工艺节能减排，合理分配资源，提高资源利用水平，由此打破原来的粗放型经济发展模式。

第十节　生态文明审计在生态文明建设中的作用机理

受托责任为审计的形成和发展提供了可靠的理论保障。当前，国家审计工作逐步受到更多业内人士及普通民众的高度认同，相应地，国家审计公共受托责任被赋予了更丰富的含义，其适用领域也进一步扩展。国家审计的职责得到明显扩展，由最初的经济监督与评估等逐步延伸至推动国家政策全面贯彻等，并在生态文明建设和发展中扮演着极其重要的角色。受环境公共资源属性等相关因素的影响，现阶段，生态文明审计主体主要为政府部门，政府部门为积极响应公众提出的合理诉求，通过各种方法或者措施对资源、环境等进行保护和修复，推动生态文明建设工作有条不紊地开展，继而实现真正意义上的可持续发展。概括来讲，生态文明审计对生态文明建设的作用机理如下：

一、生态文明审计对生态文明建设的监控作用

生态文明审计过程可被简单地描述为通过各种渠道和途径广泛搜集和及时传递、共享生态文明建设数据信息，在此过程中获取的信息均为原始数据，经过了严格规范的审计鉴证，不仅能够保证真实性，还能够确保可靠性。国家审计还拥有对公司、政府等多种不同组织的审计监督权力，所以，生态文明审计搜集到的信息比较完整，为国家审计政策的编订和优化提供了可靠指导。生态文明审计对生态文明建设的监控作用是确保其他作用得到充分发挥的重要前提。在对资源利用情况进行监督的过程中，也能够针对相关人员的职责落实情况展开全面的严格的监督及公平客观的评价。在现行行政体制中，任何职能

部门的领导人开展的实践活动均会对政府受托责任关系的履行产生较为深刻的影响。之前，我国的一些地方政府只重视经济的增长，而这则在无形之中激发了干部的政绩观，为了提高政绩，罔顾环境保护的问题。关于生态文明审计，我国立法部门应制定并出台相应的法律，赋予其明确的监管及评价权利，从多角度出发对领导的责任落实情况进行全面客观的评价，增强他们的环保意识，促使生态文明审计的免疫作用在国家治理中得到充分发挥。

二、生态文明审计对生态文明建设的预警作用

生态文明审计通过对生态文明建设状况进行监督，全面准确地了解环境、自然和生态发展现状，及时采取合适的措施进行规范合理的测试，对通过审计获取的各种信息进行科学合理的分类及深入细致的研究，敏锐地发现各种潜在隐患，并及时告知决策部门，为其制定严谨合理的决策提供重要参考。对当前存在的各种异常情况进行深入调查和准确判断，尽快将获取的预警信息告知执法机构，提醒他们尽快加强监管，及时采取有效手段遏制问题发展，将其造成的不良影响控制到最小。生态文明审计作为国家治理体系中尤为重要的免疫系统，国家审计肩负着及时发现隐患、及时上报并积极采取合理方法消除隐患的重要使命，同时要通过各种渠道广泛搜集信息，为决策部门提供更全面、更完整、更准确的信息，促其制定出合适的决策。所以，审计主体需要紧随时代发展及工作需求，积极转变审计理念，加强对环境问题的预警和防控，增强前瞻意识，将各种隐患的萌芽扼杀于摇篮之中，以充分发挥生态文明审计的预警作用。

三、生态文明审计对生态文明建设政策的纠偏及修复作用

生态文明政策顾名思义指的是政府部门为促进生态文明建设工作顺利开展或者保证其既定目标高质高效的完成，而在综合考虑各方面因素的基础上制定严谨合理的制度规范等，它既能够为生态文明建设工作的正常开展提供有益指导，也能够对其建设实践产生一定的约束性。20世纪80年代之后，我国针对资源开发利用出台了一系列法律文件，我国资源环境保护法律框架初具雏形。各项法律文件的制定与实施在节约资源、改善环境方面发挥了尤为重要的作用，不过在经济迅猛发展的背景下，这些政策在执行过程中会出现一定的执行偏差、低效甚至失灵等现象，现有法律文件的不足逐步暴露出来。所以，开展生态文明审计，审计部门能够根据政策落实的有效性、政策的适用性、增强制度的科学性三个方面及时反馈生态文明制度设计的科学性，政策落实方式是否规范科学，落实结果是否达到预期、是否存在弄虚作假等情况，能够为修正、完善生态文明政策提供信息（都新英，2016）。开展生态文明审计，审计部门能够及时高效地反馈现行政策制度的贯彻情况，可以为调整和优化现行政策制度提供可靠依据。从微观角度来讲，政府审计部门在对公司的土地资源使用情况、环境修复情况等展开生态文明审计的过程中，能够及时发现其中潜藏的重要问题，并及反馈并敦促相关部门尽快调整和优化现行相关制度，以此促进生态文明建设工作规范有序地高效开展。

四、生态文明审计对生态文明建设资金的监控作用

生态文明建设是一项复杂而庞大的系统工程，各方对生态文明建设资金的投入正在不断加大，目前主要涉及环保专项资金、环保事业资金、财政贴息贷款等。这些资金是否能够发挥

作用、是否做到了专款专用等，都需要生态文明审计的鉴证。生态文明审计通过对资金筹集的合法性与合规性、资金分配的科学性和合理性及资金使用的效益性三个方面进行审计，从而对生态文明建设资金是否存在拖欠、截留、坐支、个人贪污，是否存在随意分配或者违规分配现象，资金投入与产出是否相匹配、是否实现或超过既定目标等内容进行监控，从而保证生态文明建设资金合法、合规使用，提高生态文明建设资金使用效率、效果和效益，确保每一笔资金能够真正用到生态文明建设上。

五、生态文明审计对生态文明建设项目绩效的预警作用

生态文明建设项目绩效指生态文明建设项目的总成果。审计监督生态文明建设项目绩效是生态文明审计工作的重要组成部分，审计监督生态文明建设项目的经济性、效率性等，及时掌握国家投资生态文明项目建设进展情况，及时对生态文明建设项目实施过程中所存在的问题进行预警，从而提高生态文明建设项目质量，确保生态文明建设项目顺利建成并实现预期效果。生态文明审计对生态文明建设项目的预警作用可以通过重点审查项目立项的科学性、项目实施的规范性、项目运行的绩效性三个方面，发挥对生态文明项目建设过程中项目立项是否规范、项目方案是否先进、项目预算是否合理、项目实施是否按照规划严格执行、项目建成后是否达到预期的经济、社会和环境效益等的预警作用，进而提高生态文明建设项目的绩效水平。

总而言之，生态文明的本质内涵是人与自然关系的文明，以及人与人关系的文明和人与社会关系的文明。生态文明建设需要协调处理人与自然、人与人以及人与社会的关系，其成功的秘诀在于人们生态文明意识的显著增强、生态文明建设制度

的完善与落实以及生态文明建设的劳动和资金的投入。生态文明审计为生态文明建设的正常开展提供了强大保障。生态文明审计是依据我国社会、经济发展中产生的生态文明问题，结合国家对生态文明建设的要求应运而生的。生态文明审计是新时代中国特色社会主义建设背景下新的审计类型，在国家治理体系中占据着举足轻重的地位。它以环境审计内容为基础，逐步向国土空间开发、低碳资源利用、生态文明制度建立、生态文明政策的执行及生态文明绩效审计延伸。因此，生态文明审计对生态文明建设具有监控、预警、修正等作用。生态文明审计需紧紧地跟随生态文明建设步伐，既涉及财务收支合法性审计，也涵盖了政策执行性审计、节能减排审计、生态文明绩效审计、领导干部自然资源资产离任审计等多种审计类型的复合型审计，是审计促进生态平衡，对生态文明建设成果进行监督、评价和鉴证的总对策。生态文明审计在理论研究和实施过程中，必须明确“审什么”“谁来审”和“怎样审”三个基本问题，明确重点审计内容，方能科学地开展生态文明审计实践。

第四章　生态文明审计制度研究

生态文明审计制度，是由一系列相互联系的具体制度构成的体系。本书主要围绕生态文明审计法律规范、生态文明审计体制、生态文明审计职责权限、生态文明审计人员管理制度、生态文明审计运行机制五个部分构建生态文明审计制度。生态文明审计涉及对生态文明建设相关项目的建设、资金、领导干部责任落实、政策落实等情况的审计监督，因此，主要由国家审计机关开展生态文明审计。本书在借鉴刘家义（2016）编著的《中国特色社会主义审计制度研究》的基础上，重点分析国家审计机关的审计制度，从而研究我国生态文明审计制度。

第一节　生态文明审计法律规范

审计法律规范是健全中国特色社会主义审计制度的基础和重要支撑，是中国特色社会主义审计制度的具体内容，它既维护了国家审计的独立性，又为国家审计提供了依据和标准，同时也保证了审计成果的有效性和权威性（刘家义，2016）。要建立独立的生态文明审计制度，只有确保建立了健全的法律规范，才能保证生态文明审计工作的顺利进行。如果缺乏法律规范做保障和支撑，则几乎不能依法独立行使生态文明审计的监督权。

生态文明审计法律规范体系主要有《中华人民共和国宪法》(以下简称《宪法》)《审计法》等相关法律与《中华人民共和国审计法实施条例》以及其他相关行政法规、地方性审计法规和规章等。这不仅体现了法律制度本身的内在逻辑，而且体现了职权法定、依法审计的基本要求。

一、宪法

宪法是国家的根本法律，是国家长治久安、民族团结、社会经济发展的根本保证，是治国安邦的总章程。宪法确定了我国的基本制度，规定了国家体制、基本政治经济制度和公民的基本权利义务。宪法是法律制度的总纲，具有最高的法律效力，一切法律、行政法规和地方性法规的制定，都必须以宪法为基础，遵循宪法的基本原则，不得与宪法相抵触。我国宪法对审计制度的实施做了专门规定，为审计工作，不管是传统审计，还是新时代生态文明审计的长期发展奠定了基础。一是宪法明确了中国的审计体制。宪法规定，国务院和县级以上地方各级人民政府设立审计机关。审计署在国务院总理领导下主管全国审计工作。地方各级审计机关实行双重领导体制，接受本级人民政府和上一级审计机关的双重领导。这一规定说明审计机关是宪法机构，审计制度是国家政治制度的重要组成部分，这为生态文明审计的实践确立了审计主体的体制。二是宪法规定了中国审计监督的依法审计、独立审计的基本原则，不受其他行政机关、社会团体和个人的干涉。这为生态文明审计独立行使审计监督权提供法律依据。三是宪法确立了中国审计机关的基本职权。这明确了审计机关开展生态文明审计的基本职权，即对财政收支、财务收支、环境保护、绿色经济等进行审计监督。

二、审计法律

全国人民代表大会及其常务委员会依据宪法制定的审计法律，是在全国范围内适用的具有普遍约束力的审计监督的规范性文件。审计法律包括《审计法》以及与审计有关的其他法律，它们共同规定了审计制度的基本要素，也明确了生态文明审计制度的基本内容。《审计法》是全国人民代表大会常务委员会根据宪法制定的规定审计制度的专门法律，是审计工作的基本法。《审计法》是《宪法》的实施法，是将《宪法》中关于审计监督的规定具体化，它对审计监督的基本原则、审计人员、审计机关与其职责和权限、审计程序、法律责任等审计制度的基本内容做了比较全面的规定。《审计法》既是审计机关的组织法，也是审计工作的程序法，它还规定有大量实体法的内容，规定了审计监督机制、审计监督职责、审计监督手段、审计监督行为，为生态文明审计提供了最直接的法律依据。

除《审计法》之外，其他一些法律也为生态文明审计提供了相关法律依据，因此也属于生态文明审计法律规范的范畴。如《中华人民共和国环境保护法》《中华人民共和国会计法》《中华人民共和国水污染防治法》《中华人民共和国大气污染防治法》《中华人民共和国环境影响评价法》《中华人民共和国土地管理法》《中华人民共和国可再生能源法》等与生态文明建设相关的法律，这些法律共同组成了生态文明审计法律规范的主干部分。

三、《中华人民共和国审计法实施条例》和其他有关行政法规

行政法规是中国特色社会主义法律体系的重要组成部分。国务院根据宪法和法律，制定行政法规。行政法规是将法律规定的相关制度具体化，是对法律的细化。行政法规的效力低于

法律，高于地方性法规和规章（刘家义，2016）。

国务院根据《宪法》《审计法》及有关法律制定的审计行政法规，是在全国范围内适用的具有普遍约束力的有关审计的规范性文件。现行有效的生态文明审计行政法规主要包括《中华人民共和国审计法实施条例》、国务院印发的《关于加强审计工作的意见》《领导干部自然资源资产离任审计规定（试行）》等。其中，2017年6月，由习近平总书记主持中央全面深化改革工作领导小组会议审议通过的《领导干部自然资源资产离任审计规定（试行）》明确了主要内容：贯彻执行中央生态文明建设方针政策和决策部署情况、遵守自然资源资产管理和生态环境保护法律法规情况、自然资源资产管理和生态环境保护重大决策情况、完成自然资源资产管理和生态环境保护目标情况、履行自然资源资产管理和生态环境保护监督责任情况、组织自然资源资产和生态环境保护相关资金征管用和项目建设运行情况以及履行其他相关责任情况。国务院制定和发布的其他行政法规、行政措施、决定、命令以及有关规范性文件，许多也同样适用于生态文明审计，属于生态文明审计法律规范的范畴。如《国务院办公厅关于利用计算机信息系统开展审计工作有关问题的通知》，就是审计机关利用计算机信息系统开展生态文明审计工作的重要依据，它为生态文明审计创新审计方法提供了重要的法律支撑。

四、地方性审计法规

地方性法规也是法律体系的重要组成部分。各省、自治区、直辖市等人民代表大会及其常务委员会在贯彻宪法、法律、行政法规的前提下，有权根据本地区的具体情况和实际需要制定地方性法规。地方性法规只在本行政区域内有效，其效力低于宪法、法律和行政法规。近年来，一些省、自治区、直辖市等出台了关于生态文明建设的地方性法规，为生态文明审计提供区域性的法律规范，如《四川省环境保护条例》《西藏自治区国家生态文明高地建设条例》《贵州省生态文明建设促进条例》《贵州省扶贫资金审计条例》《贵州省政府投资建设项目审计监督条例》《青海省生态文明建设促进条例》《福建省农业生态环境保护条例》《天津市生态环境保护条例》等。这些有关生态文明建设的地方性法规对促进生态文明审计事业发展发挥了重要作用。

五、审计规章

规章包括部门规章和地方政府规章。国务院组成部门及直属机构有权根据法律和行政法规以及国务院的决定，在本部门权限范围内制定和发布调整本部门范围内的行政管理关系的部门规章。审计署是国务院组成部门，在国务院总理领导下主管全国的审计工作，有权就国家审计工作制定部门审计规章。现行有效的审计规章主要包括《中华人民共和国国家审计准则》《审计署关于内部审计工作的规定》《审计机关审计方案准则》《审计机关审计证据准则》《审计机关审计抽样准则》《审计机关审计事项评价准则》等。其中，《中华人民共和国国家审计准则》是审计机关和审计人员履行法定审计职责的行为规范，是执行审计业务的职业标准，是评价审计质量的基本尺度，适用于审计机关开展的各项审计业务。

省、自治区、直辖市和较大的市的人民政府在依据宪法、行政法规和地方性法规的前提下，有权根据本地区的具体情况和实际需要制定地方政府规章。地方政府规章只在本行政区域内有效，其效力低于宪法、法律、行政法规和地方性法规。近年来，许多省、自治区、直辖市和较大的市的人民政府在领导地方审计工作时，从地方经济社会发展实际出发，根据审计法律、行政法规和地方性审计法规，在其职权范围内制定了大量地方生态文明建设规章，对促进当地生态文明审计事业发展发挥了重要作用。如《淮南市资源环境审计监督办法》《湖南省省级环境保护与污染防治专项资金管理办法》《北京市生态文明示范创建管理办法（试行）》《青海省地质环境保护办法》等。

在开展生态文明审计工作时，除了适用上述与审计和生态文明建设相关的法规外，还有大量适用其他与财政财务收支和经济活动有关的法规。这些法规是审计机关和审计人员进行审计评价、审计定性和审计处理的重要依据。

上述生态文明审计法律规范是审计实践经验制度化、法律化的集中体现，是在中国推进生态文明建设进程中不断健全和完善的。因此我们应该坚持历史唯物主义、可持续发展观和普遍联系的观点，站在生态文明建设的战略高度认识生态文明审计法律规范的重要性，并始终坚持依法审计的精神、要求和原则开展生态文明审计。一是坚持生态文明审计的职责权限法定，在审计法律规范规定的审计范围内严格开展生态文明审计工作，既不能丧失职守不作为，也不能超越权限乱作为，做到依法履行职责不缺位，依法履行职责不越界。二是坚持生态文明审计的程序法定，严格依法执行审计程序，并适应审计实践发展的需要，不断完善审计的制度和操作规程，使审计工作有章可循、有法可依。三是坚持生态文明的审计方式法定，从审计内容的真实性、合法性和效益性着手，严格规范审计取证方法、审计查询审批手续、审计底稿编制、审计项目审理、审计报告出具、审计决定下达、案件线索移送、审计结果公告和审计发现问题整改等事项。四是坚持生态文明审计的标准法定。对生态文明建设中的审计事项，要按照审计法规所规定的审计事项进行深入审计和如实报告，严格按照标准处理处罚。五是坚持生态文明审计的保障法定。凡使用、管理公共资金、国有资产、国有资源的单位和个人，以及履行和承担责任的领导干部，都要依法接受、配合、支持生态文明审计，为审计机关依法履职尽责提供保障。

第二节　生态文明审计体制

审计体制是一个国家审计制度的重要内容，主要规定审计机关的隶属关系、上下级审计机关之间的关系以及审计组织体系等事项。中国特色社会主义审计体制主要包括审计机关是由宪法规定设立的政府组成部门，地方审计机关实行双重领导，审计机关由本级人民代表大会产生并对它负责、受它监督，审计组织体系由四级审计机关构成等内容（刘家义，2016）。生态文明审计的审计体制必须符合国家审计体制要求。

一、审计机关

审计机关作为国家行政机关，由本级人民代表大会产生，对本级人民代表大会负责，受本级人民代表大会监督。审计机关与本级人民代表大会的关系，主要体现在三个方面。一是审计机关的主要负责人由本级人民代表大会及其常务委员会决定。其中，审计署审计长由全国人民代表大会及其常务委员会决定，地方各级审计机关主要负责人由本级人民代表大会常务委员会决定。二是审计机关要对本级人民代表大会及其常务委员会负责。国务院和县级以上地方人民政府应当每年向本级人民代表大会常务委员会提出审计机关关于预算执行情况和其他财政收支情况的审计工作报告，以及针对审计工作报告中指出的问题进行整改的情况报告。必要时，人民代表大会常务委员会还可以对审计工作报告做出决议。三是审计机关应当自觉接受本级人民代表大会及其常务委员会的监督。另外，人民代表大会也有权根据法律规定和法定程序罢免本级审计机关的主要负责人。

审计机关是本级人民政府的组成部门，审计机关在本级人民政府的直接领导下开展审计工作，向本级人民政府负责并报告工作。审计署既是国务院的组成部门，又是中国的最高审计机关。作为中国的最高审计机关，审计署在国务院总理的领导下，执行法律、行政法规和国务院的决定、命令，主管全国的审计工作。作为国务院的组成部门，审计署有法定的审计监督职责范围、对管辖范围内的审计事项直接从事审计活动。

审计机关是生态文明审计的审计主体之一，为维护生态文明审计的独立性，地方各级政府主要负责人应依法直接领导本级审计机关，支持审计机关开展生态文明审计工作，定期听取审计工作汇报，及时研究解决生态文明审计工作中存在问题。把生态文明审计结果作为生态文明建设决策的重要依据。需保障审计机关在不受其他行政机关、社会团体和个人的干涉的情况下依法开展生态文明审计、查处与生态文明建设相关的问题、依法向社会公布生态文明审计结果；对生态文明审计法律法规执行情况进行定期监督检查；对拒不接受生态文明审计监督，阻碍、干扰、不配合生态文明审计工作，或者威胁、恐吓、报复审计人员的，依法予以查处。

二、上下级审计机关之间的关系

根据《宪法》和《审计法》，审计署主管全国审计工作，地方各级审计机关接受上一级审计机关的领导。地方各级审计机关向本级人民政府和上一级审计机关负责并报告工作，接受本级人民政府和上一级审计机关的双重领导，审计业务以上级审计机关领导为主。上下级审计机关紧密联系工作，有利于发挥审计监督的整体合力。

地方审计机关的生态文明审计业务主要由上级审计机关领导，主要体现在以下方面：

一是审计署主管全国审计工作，因此，审计署制定的生态文明审计工作方针、政策和准则等生态文明审计业务规章制度，地方各级审计机关应当遵照执行。二是上级审计机关负责制定本级和组织下级审计机关统一执行的生态文明审计项目计划，下级审计机关按照上级审计机关和本级人民政府的要求编制生态文明审计项目计划，并向上一级审计机关报告。三是下级审计机关应当向上级审计机关提交生态文明审计项目计划执行情况的综合报告，其中，参与上级审计机关统一组织的生态文明审计项目时，还应当提出该项目执行的情况报告。四是上级审计机关可以将其审计管辖范围内的部分生态文明审计事项，授权下级审计机关进行审计；上级审计机关可以直接审计下级审计机关审计管辖范围内的重大生态文明审计事项；审计机关之间对审计管辖范围有争议的，由其共同的上级审计机关确定。五是地方各级审计机关在生态文明审计工作中发现的重大问题，应当向上一级审计机关提出专题报告或者上报审计信息。下级审计机关将生态文明审计结果和重大案件线索向同级政府报告的同时，必须向上一级审计机关报告。六是下级审计机关对生态文明建设项目的预算管理或者国有资产管理使用等与国家财政收支有关的特定事项向有关地方、部门、单位进行专项审计调查后，应当向上一级审计机关报告审计调查结果。七是上级审计机关有权对下级审计机关关于生态文明审计的执法情况和工作质量等情况依法进行监督，认为下级审计机关做出的审计决定违反国家有关规定的，可以责成下级审计机关予以变更或者撤销，必要时也可以直接做出变更或者撤销的决定。八是上级审计机关依法受理被审计单位对下级审计机关提出的生态文明审计行政复议，并依法做出行政复议决定。

中国的审计体制有其特殊性，具有中国特色，这与当前中同独特的国家治理状况相适应。在生态文明审计方面，将来也要随着生态文明审计实践发展逐步探索完善适应国家生态文明建设需求的生态文明审计体制，真正发挥国家审计在国家生态文明建设中的基石和重要保障作用。

第三节　生态文明审计职责权限

审计组织是依照《宪法》、审计法规和其他财经法规而建立的，实行的是法定审计，承担着繁重的审计任务。因此，《审计法》明确规定了审计组织的职责和权限。

一、审计职责

从国家法律法规对审计机关要求的角度看，审计职责是审计机关应当承担的任务。从审计机关对被审计单位等工作对象的角度看，审计职责又是审计机关的职权，即审计机关的事权范围（李金华，2005）。审计机关职责由法律、行政法规明文规定，具有鲜明的法定性。

1982 年，《宪法》规定了中国审计机关的基本职责，即审计机关对本级各部门和下级政府的财政收支，对国家的财政金融机构和企事业单位的财务收支进行审计监督。不同时期的审计法律法规以及相关规定对审计机关的审计职责又做了进一步细化和调整。2018 年，中央审计委员会第一次会议强调了政府审计的定位是“党和国家监督体系的重要组成部分”，要求审计机关自觉在思想和行动上与中央保持一致，拓展审计监督的广度和深度，消除监督盲区，加大对党中央重大政策措施贯彻落实情况的跟踪审计力度，加大对经济社会运行中各类风险隐患的揭示力度，加大对重点民生资金和项目的审计力度。

审计机关在开展生态文明审计时，应按有关法律法规规定的审计客体的范围明确生态文明审计的职责。目前，中国审计机关的生态文明审计职责主要有四个方面的内容：一是对法定事项的真实、合法和效益情况进行审计监督；二是对与国家财政收支有关的特定事项进行专项审计调查；三是依法对被审计单位的内部审计工作进行业务指导和监督；四是对社会审计机构出具的审计报告进行依法核查。

（一）对法定事项进行审计监督

根据《审计法》及其实施条例等法律法规以及相关规定，下列事项应当接受生态文明审计监督：

（1）本级预算执行情况和本级各部门（含直属单位）决算。

（2）下级政府预算执行情况和决算。

（3）中央银行的财务收支。

（4）国家的事业组织和使用财政资金的其他事业组织的财务收支。

（5）国有和国有资本占控股地位或者主导地位的企业、金融机构的资产、负债、损益。

（6）政府投资和以政府投资为主的建设项目的预算执行情况和决算。应当接受生态文明审计监督的建设项目包括：政府投资的建设项目（全部使用预算内投资资金、专项建设基金、政府举借债务筹措的资金等财政性资金的建设项目）；以政府投资为主的建设项目主要指未全部使用财政资金，但以政府投资为主的建设项目。

（7）政府部门管理的和其他单位受政府委托管理的社会保障基金、社会捐赠资金以及其他有关基金、资金的财务收支。社会保障基金包括社会保险、社会救助、社会福利基金以及发展社会保障事业的其他专项基金。社会捐赠资金包括国内外组织或个人自愿无偿捐赠的货币、有价证券和实物等各种形式的资金。其他有关基金、资金，如住房公积金和彩票公益金等资金，只要是由政府部门管理或由有关单位受政府委托管理的，也属于生态文明审计监督范围，也要接受审计机关的生态文明审计监督。

（8）国际组织和外国政府援助、贷款项目的财务收支。这部分的财务收支主要包括国际组织、外国政府及其机构向中国政府及其机构提供的贷款项目；国际组织、外国政府及其机构向中国企业事业组织以及其他组织提供的由中国政府及其机构担保的贷款项目；国际组织、外国政府及其机构向中国政府及其机构提供的援助和赠款项目；国际组织、外国政府及其机构向受中国政府委托管理有关基金、资金的单位提供的援助和赠款项目；国际组织、外国政府及其机构提供援助、贷款的其他项目。

（9）党政主要领导干部和国有企业领导人员履行责任的情况。责任审计是审计机关在法定职权范围内，对国家机关、国有金融机构和企业事业单位领导人员在任期内履行职责的情况实施的监督检查。党政主要领导干部的责任审计的对象是从乡镇级到省部级的所有党政主要领导干部，包括地方各级党委、政府、审判机关、检察机关、中央和地方各级党政工作部门、事业单位、人民团体等单位的正职领导干部和行政正职领导干部，以及主持工作一年以上的副职领导干部。其中，当上级领导干部兼任部门、单位正职领导干部，且不实际履行职责时，审计对象是实际负责本部门、单位常务工作的副职领导干部。国有企业领导人员责任审计的对象是国有和国有资本占控股地位或者主导地位的企业法定代表人。根据党委、政府和干部管理监督部门的要求，对于不是法定代表人但实际行使相应职权的董事长、总经理、党委书记等企业主要领导，审计机关可以对其进行责任审计。审计机关按照当地党委和政府的要求，可以对村党组织、村民委员会、社区党组织及社区居民委员会主要负责人进行责任审计。

（10）国家重大政策措施和宏观调控部署落实情况。审计机关在开展生态文明审计时，要按照国务院印发的《关于加强审计工作的意见》的要求，持续组织并开展对国家生态文明建设的重大政策措施和宏观调控部署落实情况的跟踪审计，着力监督检查各地区、各部门落实稳增长、促改革、调结构、惠民生、防风险等生态文明政策措施的具体部署、执行进度、实际效果等情况，特别是对与生态文明建设相关的重大项目落地、重点资金保障以及简政放权的推进情况，及时发现和纠正有令不行、有禁不止行为，反映好的做法、经验和新情况、新问题，促进政策落地生根和不断完善。

（11）被审计单位的计算机信息系统。根据《国务院办公厅关于利用计算机信息系统开展审计工作有关问题的通知》的要求，审计机关有权检查被审计单位运用计算机管理财政收支、财务收支的信息系统，即计算机信息系统。审计机关对被审计单位电子数据真实性产生疑问时，可以对计算机信息系统进行测试。

（12）领导干部自然资源资产责任履行情况。按照党的十八届三中全会通过的《中共中央关于全面深化改革若干重大问题的决定》要求，探索编制自然资源资产负债表，对领导干部实行自然资源资产离任审计，建立生态环境损害责任终身追究制。

（13）法律、行政法规规定应当由审计机关进行审计的其他事项。

在生态文明建设背景下，除上述事项外，要拓展生态文明审计监督的广度和深度，通过揭示社会经济运行中存在的问题，提出完善党和国家关于生态文明建设的措施，推动党和国家各项生态文明建设政策和决策部署有效实施，围绕公共资金、国有资产、自然资源、生态环境、领导干部责任落实情况、党风廉政建设、党和国家重大决策部署落实等方面实施生态文明审计，确保一切生态文明建设活动都在审计监督下规范进行。

（二）对涉及国家财政收支有关的特定事项进行专项审计

专项审计调查是审计机关依照审计法律法规及国家有关规定，对涉及国家财政收支、预算管理和国有资产管理使用等具体事项的地方、部门、单位进行的专门调查活动。按照国家审计准则的规定，对于预算管理或者国有资产管理使用等与国家财政收支有关的特定事项，凡是涉及宏观性、普遍性、政策性或者体制、机制问题的，跨行业、跨地区、跨单位的，或涉及大量非财务数据的，审计机关可以开展专项审计调查。

生态文明专项审计调查的目标是通过发现带有普遍性、苗头性的问题，从生态文明建设的政策、制度和管理等多个方面分析产生问题的原因，向政府及有关部门提出完善生态文明建设的宏观政策、健全法规制度、加强综合管理的建议，以维护国家安全，推进民主法治，保障经济社会健康运行。

（三）依法对被审计单位的内部审计工作进行业务指导和监督

按照《审计法》的规定，作为审计机关监督对象的单位，在开展内部审计工作时，应当接受审计机关的业务指导和监督。实际上，各级审计机关一般都通过内部审计协会指导和监督内部审计工作情况。多年来，在审计署的指导和监督下，中国内部审计协会先后发布了《内部审计基本准则》《内部审计人员职业道德规范》、具体审计准则和内部审计实务指南，并进行适时修订，形成了较完备的内部审计规范体系，使内部审计工作基本有章可循、有章可依。同时，各级内部审计协会在审计机关的支持、指导和监督下，在总结内部审计工作经验、开展内部审计理论研讨、培训内部审计人员、转化内部审计成果、借鉴和吸收国外内部审计经验等方面做了大量工作，对内部审计开展生态文明审计发挥了重要作用。

（四）对社会审计机构出具的审计报告进行依法核查

对依法属于审计机关审计监督对象的社会审计机构出具的审计报告进行核查，是《审计法》赋予审计机关的一项重要职责。审计机关对社会审计机构出具的生态文明审计的相关审计报告进行核查的主要内容包括：社会审计机构是否存在违反法律、法规和执业准则的情况，实施的审计程序是否符合执业准则的要求，获取的审计证据是否适当充分，出具的审计报告是否真实合法。

审计机关一般结合审计或者专项审计调查工作，对社会审计机构向被审计单位或者被调查单位出具的审计报告进行核查。对于核查过程中发现的社会审计机构出具的审计报告有不实和其他违反法律、法规或者执业准则的情况，审计机关应当移送有关主管机关依法追究有关社会审计机构和责任人员的责任，也可以按照规定程序予以公告。

二、审计权限

审计权限是国家意志的体现，具有国家强制力，任何行政机关、社会团体、企事业单位和个人均不得干预。审计权限具有明显的法律性质，其内容、行使条件和行使程序都为法定。审计机关审计权限，应当与审计机关所肩负的审计职责相适应，与审计机关在国家治理体系中的地位相适应。

为了保障审计机关有效履行审计职责，《审计法》及其实施条例等法律法规赋予中国审计机关相应的审计权限。与国外大多数的国家审计机关相比，中国审计机关除拥有要求被审计单位提供资料、检查被审计单位相关资料和资产、就审计事项向有关单位或个人进行调查取证、建议被审计单位和有关部门采取相应措施、提请有关部门协助、向社会公布审计结果等一般审计权限外，还拥有采取行政强制措施、做出处理处罚决定等权限。

（一）要求提供资料权

要求提供资料权是审计机关最基本的权力，是审计机关开展审计工作、履行审计监督职责的前提条件。在生态文明审计实践中，审计机关有权要求被审计单位提供与生态文明建设项目有关的资料，如财务会计、业务和管理等。提供的资料既包括纸质资料，也包括电子资料。对于审计机关要求提供的各类资料，被审计单位应按照规定的期限和要求提供，不得拒绝、拖延、谎报，否则就应承担相应的法律责任。同时，被审计单位负责人应当对本单位提供的资料的真实性和完整性负责，并做出书面承诺，保证本单位所提供的资料真实和完整。对获取的资料，审计机关要严格保密。

（二）检查权

检查权是审计机关享有的重要权力，是审计权限的核心。审计机关实施生态文明审计时，有权检查被审计单位与生态文明建设项目有关的资料和资产。其中，检查的资料既包括被审计单位的会计凭证、会计账簿、财务会计报告以及其他与生态文明建设项目有关的资料，也包括被审计单位运用电子计算机管理生态文明建设项目的电子数据系统；既包括纸质资料，也包括电子资料。检查的资产主要包括被审计单位拥有或者控制的能以货币计量的所有经济资源，如各种财产、债权和其他权利。审计机关依法行使检查权时，被审计单位不得拒绝，也不得通过转移、隐匿、篡改、毁弃与生态文明建设项目有关的资料，或者转移、隐匿所持有的违反国家规定取得的资产等方式逃避检查，否则，应承担相应的法律责任。

（三）调查取证权

审计机关在实施审计时，为了查清事实，有权就审计事项的相关问题向有关单位和个人进行调查，并取得有关证明材料。被调查的单位和个人应当支持、协助审计机关工作，如实向审计机关反映情况，提供有关证明材料。另外，审计机关还依法享有查询被审计单位在金融机构的账户和存款权。审计机关依法查询被审计单位在金融机构的账户和存款时，有关金融机构应当予以协助，并提供证明材料。审计机关行使这一权力，需要遵循严格的程序，并负有保密义务。

（四）采取强制措施权

在审计实施过程中，遇有特定情况，审计机关有权对被审计单位直接采取一定的强制措施，或者通知有关部门对被审计单位采取一定的强制措施。目前，中国审计机关享有的采取强制措施权具体包括以下几项：对有关违法行为的制止权，封存资料、资产权，通知暂停拨付款项和责令暂停使用款项权以及申请冻结存款权。其中，制止有关违法行为和封存资料、资产是审计机关依法直接采取的强制措施；通知暂停拨付款项、责令暂停使用款项和申请冻结存款是审计机关依法通知、要求有关部门采取的强制措施。审计机关对被审计单位直接采取强制措施或者通知有关部门对被审计单位采取强制措施，能够有效制止被审计单位的有关违法行为，维护国家利益，保障审计工作顺利进行。由于采取强制措施会直接影响被审计单位的权利，所以审计机关在行使该项权限时，需要符合特定的条件，遵循严格的程序，不得影响被审计单位合法的业务活动或生产经营活动。

（五）提请协助权

审计机关在履行审计监督职责过程中，因受到限制而无法行使职权，进而无法获取适当充分的生态文明审计证据，或者无法制止违法行为损害国家利益时，有权提请有关部门予以协助。根据审计工作需要，审计机关可以提请公安、监察、财政、税务、海关、价格、工商行政管理等部门和金融机构予以协助。有关部门应当积极予以协助和支持，并对有关审计情况严格保密。

（六）移送权和建议权

对于生态文明审计过程中发现的问题，审计机关有权移送有关部门处理，或者向被审计单位以及有关部门反映，建议采取相应措施。中国审计机关的移送权和建议权十分广泛，不仅可以针对被审计单位的违法行为或需要改进的行为，也可以针对被审计单位有关责任人员的违法行为以及有关部门需要改进、纠正的行为，其中，对于审计查出的违法违纪问题线索，可以移送纪检监察、司法、检察、公安等机关进一步查处；对于被审计单位在体制、机制和制度上存在的问题，可以提出纠正、改进的意见。

（七）处理、处罚权

审计机关有权对审计发现的违反国家生态文明建设规定等行为进行处理、处罚。其中，审计处理是审计机关依法对被审计单位违反国家规定的行为所采取的纠正措施，审计处罚是审计机关依法对被审计单位违反国家规定的行为以及违反《审计法》及其实施条例的行为所采取的制裁措施。审计机关可以采取的审计处理措施主要包括责令限期缴纳应当上缴的款项，责令限期退还被侵占的国有资产，责令限期退还违法所得，责令按照国家统一的会计制度的有关规定进行处理以及依法可采取的其他处理措施。审计机关可以采取的审计处罚措施主要包括警告、通报批评、罚款、没收违法所得以及依法可采取的其他处罚措施。

（八）通报、公布审计结果权

审计机关有权向政府有关部门通报，或者向社会公布对被审计单位的审计和专项审计调查的结果。在生态文明审计工作中，审计机关通报或者公布审计结果，应当依法保守国家秘密和被审计单位的商业秘密，遵守国务院的有关规定，履行规定的保密手续，报经审计机关主要负责人批准。未经授权，审计机关内设机构、派出机构和个人不得向社会公布审计和审计调查结果。审计机关统一组织不同级次审计机关参加的审计项目，其审计和审计调查结果原则上由负责该项目组织工作的审计机关统一对外公布。

上述关于审计职责权限的规定，明确了审计机关履行职责的范围和途径。由于受到机构编制、队伍素质、任务需求等方面因素的制约，审计机关在短期内不可能对所辖范围内的所有对象进行生态文明审计监督，而应统筹兼顾、突出重点。实际上，在生态文明建设过程中，在不同的历史时期会有不同的建设重点和工作重心，在不同的地区，政府的生态文明建设的工作重点也都不一样，这要求审计工作一定要有灵活性和适应性，牢牢把握生态文明建设的需要，把握依法治国、反腐倡廉、可持续发展、生态环境保护的需要，在审计法定职责范围内确定生态文明审计的工作重点。生态文明审计工作坚持围绕国家政策中心、服务国家治理大局来开展审计监督，积极有效地发挥生态文明审计的作用。不断凸显生态文明审计监督在新时代中国特色社会主义建设以及生态文明建设中的定位和职能作用。

第四节　生态文明审计人员管理制度

审计人员是国家审计监督权的直接行使者和审计监督活动的直接执行者。中国审计机关是国家行政机关，审计人员是依法履行公职的国家公务员。审计人员应当具备公务员的条件，履行公务员的义务，享有公务员的权利。审计人员的录用、职务任免、考核、奖惩、工资福利保险、辞职辞退和退休等，应按照公务员法和国家其他有关规定进行管理。由于生态文明审计工作的特殊性，国家对从事生态文明审计的专业人员的要求、入职和职务任免、专业技术资格、职业教育、考核评价等需有特殊规定和要求。

一、审计人员职业要求

生态文明审计是一项原则性强、专业程度高的工作。审计人员执行生态文明审计业务时，应当符合有关职业要求。

一是遵守法律法规和国家审计准则。遵守《宪法》和法律法规是审计人员的基本职业要求。由于生态文明审计工作的专业性，审计人员除遵守《宪法》和法律法规外，还要严格遵守《中华人民共和国国家审计准则》。《中华人民共和国国家审计准则》是审计人员履行法定审计职责的行为准则，是审计工作必须遵循的最低标准和要求，是衡量审计工作质量的基本尺度，是确定和解除审计人员责任的依据。审计人员在生态文明审计工作中应当严格遵守国家审计准则，对未能遵守国家审计准则的行为要说明原因，否则，应对引起的后果承担相应的责任。为确保审计人员满足国家审计准则和审计独立性的要求，审计机关还需专门制定严格的审计工作纪律。

二是恪守审计职业道德。恪守审计职业道德是审计人员执行审计业务的必要条件。在生态文明审计业务开展的过程中，审计人员应当恪守严格依法、正直坦诚、廉洁自律、客观公正、勤勉尽责、保守秘密的基本审计职业道德。严格依法就是审计人员应当严格依照法定的审计职责、权限和程序进行生态文明审计监督，规范审计行为。正直坦诚就是审计人员应当坚持原则，不屈从于外部压力；不歪曲事实，不隐瞒生态文明审计发现的问题。廉洁自律就是不利用职权谋取私利，能主动维护国家利益和公共利益。客观公正就是审计人员应当保持客观公正的立场和态度，以适当、充分的审计证据支持审计结论，实事求是地做出生态文明审计评价和处理发现的问题。勤勉尽责就是审计人员应当爱岗敬业、勤勉高效、严谨细致，认真履行审计职责，保证生态文明审计工作质量。保守秘密就是审计人员应当保守其在执行生态文明审计业务中知悉的国家秘密和商业秘密；未经批准不得对外提供和披露，不得用于与生态文明审计工作无关的目的。审计人员如果违反审计职业道德，应根据有关规定，给予批评教育、行政处分；构成犯罪的，还应依法追究刑事责任。

三是具备必需的职业胜任能力。生态文明审计工作专业性强，审计人员应当具备与其从事生态文明审计业务相适应的专业知识、职业能力和工作经验。审计人员要善于学习、勤于实践，努力保持和提高自身的职业胜任能力。审计机关要采取切实有效的措施，为审计人员保持和提高从事生态文明审计的职业胜任能力创造必要的条件。针对具体的生态文明审计项目，审计机关还应当合理配备审计人员，组成审计组，确保其在整体上具备与生态文明审计项目相适应的职业胜任能力。另外，信息技术对实现生态文明审计目标有重大影响，审计组的整体胜任能力还应当包括信息技术的胜任能力。

在开展生态文明审计业务时，审计人员应合理运用专业判断能力，保持专业谨慎，善于发现被审计单位可能存在的重大问题，审慎评估所取得审计证据是否适当、充分，从而得出合理的审计结论。审计人员应积极与受审单位沟通，认真听取被审计单位的意见，客观、公正地做出审计结论，尊重和维护被审计单位的合法权益，坚持文明审计，维护良好职业形象和与被审计单位保持良好的工作关系。

二、审计人员入职和职务任免制度

生态文明审计的审计人员入职可包括录用、调任和聘任三种方式。

录用是在规定的编制内，通过国家统一的公务员考试择优录取。招录生态文明审计人员可加试与生态文明审计工作相关的必需专业知识和技能。通过考试录用的公务员，应当具有大学本科以上文化程度。具有与审计工作相关专业技术资格或相关执业资格的人员，同等条件下可以优先录用。新录用的审计人员试用期为一年，试用期满合格的，予以任职；不合格的，取消录用。

调任是按照公务员管理制度的有关规定，由国有企事业单位、人民团体和群众团体中从事公务的人员调入审计机关任职。审计机关应当对调任人选进行严格考察，并按照管理权限审批，必要时，可以对调任人选进行考试。通过调入方式进入各级审计机关担任副职领导职务及以下的公务员，特别是从事生态文明审计业务工作的人员，除应具有法律法规规定的条件和资格外，一般应当具有大学本科以上文化程度、审计专业知识、相关技能以及5年与生态文明审计工作相关的财经、法律、计算机、工程、环境保护等方面的工作经历。

聘任是审计机关根据工作需要，经省级以上公务员主管部门批准，对工程审计、资源环境审计、计算机审计等专业性较强的职位聘任公务员。聘任应当按照平等自愿、协商一致的原则，签订书面的聘任合同。聘任合同的签订、变更或者解除，应当报同级公务员主管部门备案。

三、审计人员专业技术资格制度

为了保证审计队伍的专业化水平，从事生态文明审计的审计人员必须实行审计专业技术资格制度。审计专业技术资格分为初级审计师、审计师、高级审计师三个等级，国家统一组织全国审计专业技术初级、中级、高级资格考试。根据国家有关规定，通过全国审计专业技术初级、中级资格考试的人员，可以获得初级审计师、中级审计师资格；通过全国审计专业技术高级资格考试并通过高级审计师资格评审的人员，可以获得高级审计师资格。审计机关担任项目主审的审计人员，一般应具有与审计工作相关的中级及以上专业技术资格。

四、审计人员职业教育制度

为了确保审计人员具有与从事生态文明审计业务相适应的职业胜任能力，审计机关实行审计人员职业教育制度。审计机关应当制定审计人员职业教育规划，积极组织职业教育活动，并对审计人员参加职业教育情况进行考核和检查。从事生态文明审计的审计人员职业教育的内容主要包括审计专业知识、有关法律法规、国家审计准则和相关职业规范、职业能力、生态文明审计业务管理知识和技能等。审计机关定期为审计人员举办专业培训、审计业务管理培训、综合管理培训、知识技能补充和更新培训等教育培训项目。审计人员的职业教育可以采取多种方式，除传统的脱产面授外，还包括网络培训、案例教学、模拟实验室等方式。同时，审计人员还可以通过到基层、企事业单位、重大项目建设单位挂职锻炼、考察学习等方式，积累工作经验，提高工作能力。为了加强对审计人员的生态文明审计职业教育，审计机关还可成立专门的生态文明审计培训机构，加强对生态文明审计的培训和教学，培养生态文明审计的储备人才。

五、审计人员考核评价制度

为激发审计人员工作的积极性，引导和激励审计人员自觉提高自身素质，争创优秀业绩，审计机关需要对审计人员进行考核和评价。考核评价内容包括德、能、勤、绩、廉等方面，重点是工作业绩。考核评价采用平时考核和定期考核相结合的方式。定期考核一般采取年度考核的方式，以平时考核为基础。考核的结果分为优秀、称职、基本称职和不称职四个等次。考核结果是调整审计人员职务、职级和工资，对其实施奖惩的重要依据。审计机关对审计工作成绩显著、做出重大贡献或者有其他突出业绩的审计人员或审计集体，按照规定给予奖励。同时，在干部选拔任用工作中，审计机关坚持以品德为核心、以作风为基础、以能力为重点、以业绩为导向的选人用人机制，保持与审计人员考核评价制度的有机衔接。

第五节　生态文明审计的运行机制

机制，泛指一个系统中各元素之间相互作用的过程和功能。审计运行机制主要是解决审计机关和审计人员如何开展审计工作和如何发挥作用等问题，它是国家审计体系的重要组成部分。生态文明审计的运行机制具有鲜明的中国特色，涉及审计执法的全过程，主要包括生态文明审计的审计工作计划、审计项目实施、审计成果报告及公开、审计质量控制、审计发现问题整改、审计争议解决、与有关各方协调配合等方面的机制。

一、审计工作计划制度

（一）生态文明审计工作规划制度

为了保证生态文明审计工作的可持续健康发展，审计机关必须建立生态文明审计工作规划制度。生态文明审计工作规划制度是审计机关关于生态文明审计工作发展的行动指南，主要包括未来一段时期生态文明审计工作的指导思想、总体目标和主要任务等事关生态文明建设的重大事项。为了推动生态文明审计事业的发展、巩固和提高，审计署和地方各级审计机关在总结生态文明审计工作经验的基础上，从生态文明战略的高度出发，研究制定生态文明审计工作发展规划。生态文明审计工作发展规划应根据国家生态文明建设具体情况制定相应周期规划，不同时期的发展规划在时间上是继承与发展，在内容上是巩固与提高的关系。

（二）生态文明审计项目计划制度

为保证生态文明审计工作按计划有序进行，审计机关应实行生态文明审计项目计划制度，每年都需编制生态文明审计项目计划。年度生态文明审计项目计划是审计机关对年度生态文明审计工作任务预先做出的统一部署和安排。审计机关应当根据法定的审计职责和审计管辖范围，围绕政府的生态文明建设工作中心，充分考虑生态文明审计工作的要求和事项，编制年度生态文明审计项目计划。在编制生态文明审计计划时，要注意加强对生态文明审计项目计划的统筹，建立分行业、分领域的生态文明审计对象数据库，分类确定生态文明审计重点和审计频次，编制中长期生态文明审计项目规划和年度计划时，既要明确年度生态文明审计的重点，又要保证在一定周期内实现生态文明审计内容的全覆盖。

与中国的审计体制相适应，年度生态文明审计项目计划的管理实行统一领导、分级负责的制度，审计机关应当将年度生态文明审计项目计划报经本级政府批准并向上一级审计机关报告。同时，上级审计机关要注重整合各层级的生态文明审计资源，开展涉及全局或行业性的生态文明建设的重大项目审计，并指导下级审计机关编制年度审计项目计划，提出下级审计机关生态文明审计重点领域或者项目安排的指导意见，做到全国生态文明审计统筹安排，整合生态文明审计资源，发挥审计机关的整体效能。

(三) 生态文明审计工作方案制度

为了确保生态文明审计项目计划顺利完成，审计机关应实行生态文明审计工作方案制度。年度生态文明审计项目计划确定审计机关统一组织多个审计组共同实施一个生态文明审计项目，或者分别实施同一类生态文明审计项目的，审计机关业务部门应当编制生态文明审计工作方案。重大生态文明建设项目的审计工作方案应当报经本级人民政府审批。生态文明审计工作方案中的审计任务将统一分配给具体实施的各个审计组，并提出统一的生态文明审计的目标、范围、内容和重点，对生态文明审计的组织方式、分工、协作、汇总、处理等事项做出规定、提出要求。可见，制度既可以指导执行生态文明审计项目的审计组开展好审计工作，达到统一的质量要求，实现预期的生态文明审计目标；又可以保证各审计组协同作业，突出生态文明审计重点，扩大和深化生态文明审计成果，保证生态文明审计项目计划的顺利完成。

二、生态文明审计项目实施制度

（一）生态文明审计通知制度

为了充分保障被审计单位的合法权益，确保生态文明审计项目顺利实施，审计机关实行审计通知制度。审计机关在实施生态文明审计工作前，应当向被审计单位送达审计通知书；遇有审计机关办理紧急事项或者被审计单位涉嫌严重违法违纪等特殊情况，经本级人民政府批准，审计机关也可以直接持审计通知书实施审计。在实施生态文明审计通知制度时，审计机关除向被审计领导干部所在单位或者原任职单位送达审计通知书外，还应当同时向被审计领导干部本人送达审计通知书。审计通知书是审计机关通知被审计单位接受审计监督的书面文件，是确立审计机关和被审计单位之间权利义务关系的法定文书，是审计组执行审计任务的依据。生态文明审计期间，应当在被审计单位公示生态文明审计的项目名称、审计纪律规定及举报电话、审计组联系人及联系方式等内容。

（二）生态文明审计实施方案制度

为了加强生态文明审计项目的组织管理，提高工作效率，审计机关应实行生态文明审计实施方案制度。生态文明审计实施方案是审计组对生态文明审计项目实施审计时，为顺利实现生态文明审计的目标、完成任务而对项目审计工作做出具体的安排。生态文明审计项目进入实施阶段，审计组应当在调查了解被审计单位及其相关情况的基础上，编制生态文明审计实施方案。审计实施方案应当按照规定进行审定。其中，一般生态文明审计项目的实施方案应由审计组组长审定，并及时报审计机关业务部门备案；重要生态文明审计项目的实施方案应由审计机关负责人审定。必要时，审计组可以调整审计实施方案。审计实施方案的调整一般由审计组长批准，但涉及生态文明审计的审计目标、审计组组长、审计重点或审计时间等重大事项调整的，应当报经审计机关主要负责人批准。

（三）生态文明审计证据制度

为了确保审计结论事实清楚、证据确凿，审计机关实行审计证据制度。审计证据是审计人员获取的能够为审计结论提供合理基础的全部事实，包括审计人员调查了解被审计单位及其相关情况和对确定的审计事项进行审查所获取的证据。在生态文明审计实践中，获取与生态文明建设有关的审计证据是生态文明审计实施阶段的核心工作，也是审计机关和审计人员做出正确审计结论的基础。审计人员应当依照法定权限和程序，围绕认定问题所依据的标准、事实、影响和原因等方面获取生态文明审计证据。审计人员获取的生态文明审计证据，应当具有适当性和充分性。

（四）生态文明审计记录制度

为了真实完整地反映审计实施过程和结果，审计机关应实行审计记录制度。审计记录是呈现审计实施过程原貌、检验审计成果和质量，明确审计责任的重要载体。审计人员实施生态文明审计时，应当编制生态文明审计记录，真实完整地记录实施生态文明审计的过程、得出的结论和与生态文明审计项目有关的重要事项。审计记录分为调查了解记录、审计工作底稿和重要事项记录三种类型，其中，审计工作底稿应当由审计组组长审核。审计记录的目的在于支持审计人员编制生态文明审计实施方案和生态文明审计报告，证明审计人员遵循相关法律法规和国家审计准则，便于对审计人员的生态文明审计工作实施指导、监督和检查。

（五）生态文明审计现场管理制度

审计现场管理是指自审计组进入被审计单位开始工作至向派出审计组的审计机关提交审计结果文书期间，对执行审计业务及相关事项进行计划、组织、协调和控制等一系列活动。生态文明审计现场管理应实行审计组组长负责制，审计组组长是审计现场业务、廉政、保密、安全等工作的第一责任人，对生态文明审计实施方案和生态文明审计报告的质量负责。对编制和调整生态文明审计实施方案、研究重大生态文明审计事项、讨论生态文明审计工作底稿及证据材料、研究起草生态文明审计报告、研究被审计单位或者被审人员的反馈意见等事项，审计组应当及时召开会议集体研究。对发现重大违法违规问题线索、收到重要信访举报材料，需提请有关机关协助或者配合审计工作以及出现重大廉政、保密、安全，可能损害审计独立性，严重影响审计工作开展等情形，审计组组长应当及时向派出审计组的审计机关请示汇报。生态文明审计期间，审计人员应当严格遵守审计纪律规定和其他各项廉政规定，严格遵守国家保密法律法规。

三、生态文明审计成果报告及公开制度

（一）生态文明审计报告制度

为了真实完整地反映生态文明审计成果，审计机关应实行生态文明审计报告制度。审计报告是审计机关对审计项目实施必要的审计程序后出具的，对审计事项发表审计意见、做出审计结论的审计法律文书，是全面反映项目审计成果的书面载体。向被审计单位出具审计报告是审计机关反映审计结果的基本渠道和方式。审计组起草的审计报告按照审计机关规定的程序审批后，应当以审计机关的名义征求被审计单位、被调查单位和拟处罚的有关责任人员的意见。为确保审计质量，审计报告须经审计机关业务部门复核和审理机构审理后才能审定。审计报告原则上由审计机关审计业务会议审定；特殊情况下，由审计机关主要负责人授权，也可以由审计机关其他负责人审定。审

计报告经审计关负责人签发后，送达被审计单位。

审计组应当对生态文明审计项目出具生态文明审计报告和审计结果报告。审计组的生态文明审计报告按照规定程序审批后，应当以审计机关的名义书面征求被审领导干部及其所在单位的意见；根据工作需要可以征求本级党委、政府有关领导以及本级生态文明审计工作领导小组或者生态文明审计工作联席会议有关成员位的意见。审计机关按照规定程序对审计组的生态文明审计报告进行审定，经审计机关负责人签发后，向被审领导干部及其所在单位出具审计机关的生态文明审计报告。同时，审计机关要在出具生态文明审计报告的基础上，向干部管理监督部门提交生态文明审计结果报告，重点反映被审领导干部或单位的履行责任、生态环保、经济发展等的主要情况，审计发现的主要问题和责任认定、审计处理方式和建议。审计机关应将生态文明审计结果报告等审计结论性文书报送本级党委、政府的主要负责人，提交委托审计的组织部门，抄送领导小组有关成员单位，必要时可以将涉及其他有关主管部门的情况抄送该部门。

采取跟踪审计方式实施生态文明审计的，审计组在跟踪审计过程中发现的问题，应当以审计机关的名义及时向被审计单位通报，要求其整改。阶段性跟踪审计实施工作全部结束后，应当以审计机关的名义出具生态文明审计报告，生态文明审计报告应当反映审计发现但尚未整改的问题以及已经整改的重要问题及其整改情况。

（二）生态文明审计处理处罚和审计移送制度

为了加强对生态文明审计发现问题的整改，审计机关应实行生态文明审计处理处罚和审计移送制度。对审计或者专项审计调查中发现被审计单位违反国家规定的行为，依法应当由审计机关在法定职权范围内做出处理处罚决定的，审计机关应当在审计报告的基础上，出具审计决定书，进行处理处罚。其中，审计机关在做出较大的处罚决定前，应当告知被审计单位、被调查单位和有关责任人员有要求举行听证的权利。符合听证条件的，审计机关应当依照有关法律法规的规定履行听证程序。审计决定书经审定，其处罚的事实、理由、依据、决定与征求意见的审计报告不一致并且加重处罚的，审计机关应当依照有关法律法规的规定及时告知被审计单位、被调查单位和有关责任人员，并听取其陈述和申辩。

对审计或者专项审计调查发现的依法需要移送其他有关主管机关或者单位纠正、处理处罚或者追究有关人员责任的事项，或者发现被审计单位所执行的上级主管部门有关的规定与法律、行政法规相抵触的，审计机关还应当在审计报告的基础上，出具审计移送处理书，移送有关部门处理。对审计移送的违法违纪问题线索，有关部门要认真查处，及时向审计机关反馈查处结果。审计机关要跟踪审计移送事项的查处结果，适时向社会公告。

（三）生态文明审计信息、专题报告和综合报告制度

为了充分利用审计结果，审计机关实行审计信息、专题报告和综合报告制度。各级审计机关可以采用报送审计信息、专题报告审计和综合报告等方式及时向本级人民政府、上级审计机关和有关监督管理部门反映生态文明审计结果。

审计机关对于在生态文明审计中发现的涉嫌重大违法犯罪的问题、国家政策执行中存在的重大问题、关系国家安全的重大问题以及影响人民群众利益等重大事项，可以采用审计信息、专题报告等方式向本级人民政府和上一级审计机关报告。实践中，对于生态文明审计发现的一些需要本级部门和下级政府研究解决的问题，审计机关可采用转送函的形式告知审计结果。审计机关统一组织生态文明审计项目的，可以根据需要汇总审

计情况和结果，形成审计综合报告，向本级政府和上一级审计机关报送，或者向有关部门通报。

（四）“两个报告”制度

“两个报告”是对审计结果报告和审计工作报告的简称。按照审计法等法律法规的规定，审计机关实行“两个报告”制度。

生态文明审计结果报告是审计机关依照法律规定，每年向本级人民政府和上一级审计机关提出的关于上一年度本级生态文明审计执行情况的结果报告。生态文明审计工作报告是县级以上人民政府每年向本级人民代表大会常务委员会提出的关于上一年度生态文明审计情况的报告。生态文明审计工作报告应当重点报告对生态文明建设项目资金管理、政策执行、领导干部责任落实、生态环保等方面的审计情况。必要时，人民代表大会常务委员会可以对生态文明审计工作报告做出决议。国务院和县级以上地方人民政府应当将生态文明审计工作报告中指出的问题的纠正情况和处理结果向本级人民代表大会常务委员会报告。实践中，一般由审计机关代本级人民政府起草本级生态文明审计工作报告，经本级人民政府审定后，审计机关负责人受本级人民政府委托，向本级人民代表大会常务委员会报告。

（五）生态文明审计结果公告制度

审计机关依法实行审计结果公告制度。在公布审计和审计调查结果时，审计机关不得公布涉及国家秘密、商业秘密的信息，正在调查、处理过程中的事项，以及依照法律法规的规定不予公开的其他信息。对于涉及商业秘密的信息，经权利人同意或者审计机关认为不公布可能对公共利益造成重大影响的，可以予以公布。审计机关统一组织不同级次审计机关参加的审计项目，其审计和审计调查结果原则上由负责该项目组织工作的审计机关统一对外公布。

（六）政府信息公开制度

审计机关开展生态文明审计时，必须根据《中华人民共和国政府信息公开条例》等法律法规，建立政府信息公开制度。政府信息是审计机关在履行职责过程中制作或者获取的，以一定形式记录、保存的信息，一般可以采取主动公开和依申请公开两种形式。对审计机关职能及机构设置、审计法律法规和其他规范性文件、审计工作发展规划和年度工作部署、重要会议及审计业务工作等情况，应当主动公开。公民、法人或者其他组织根据自身特殊需要，可以向审计机关申请获取相关政府信息。依申请公开的政府信息应当是审计机关现有的，不需要进行汇总、加工、分析或重新制作的。对于涉及国家秘密的政府信息、内部管理信息和过程性信息以及其他根据法律法规和国家有关规定不予公开的信息，不能公开。对于申请公开的政府信息涉及商业秘密、个人隐私，公开后可能损害第三方合法权益的，应当书面求证第三方的意见，必要时可以提请有关部门审定。申请人认为审计机关不依法履行信息公开义务的，可以向上级行政机关、监察机关或者信息公开工作主管部门举报。申请人认为审计机关在信息公开工作中的具体行政行为侵犯其合法权益的，可以依法申请行政复议或者提起行政诉讼。审计机关对复议和诉讼中发现的信息公开工作相关问题应当及时纠正。

四、生态文明审计质量控制制度

审计质量控制机制受审计机关的规模、地理分布、审计业务的性质和复杂程度等多种因素的影响。国家审计准则虽没有对审计质量控制制度的具体内容做出具体列示，但对审计质量控制的目标、要素，审计组成员、审计组组长、审计组所在业务部门、审计机关审理机构和审计机关负责人在审计项目质量控制中的职责和应当承担审计项目质量控制责任的情形，审计资料的归档和管理，审计业务质量检查和年度考核，优秀审计项目评选，以及审计质量控制制度的评估等做出了明确规定。生态文明审计的开展必须贯彻这些规定。

（一）生态文明审计业务分级质量控制

生态文明审计开展过程中需确保参与生态文明审计项目实施和管理的相关人员能够各司其职、各负其责，从而保证生态文明审计质量控制目标的实现。也就是说，审计组成员、审计组主审、审计组组长、审计机关业务部门、审理机构、总审计师和审计机关负责人在生态文明审计质量控制中的职责以及因职责履行不到位造成审计质量问题的，应分别承担相应的审计质量控制责任。

（二）审计报告“复核—审理—审定”机制

对于生态文明审计报告和生态文明审计决定书，审计机关实行业务部门复核、审理机构审理、最终审定的机制，确保审计结果的质量和可靠性。审计组在完成生态文明审计任务后，应当将生态文明审计报告等材料报送审计机关业务部门复核。审计机关业务部门主要对审计组的生态文明审计的工作任务完成情况、审计证据、审计记录、审计结论性文书等的质量情况进行复核把关。审计机关业务部门应当将复核修改后的生态文明审计报告等材料连同书面复核意见报送审理机构审理。审理机构以生态文明审计实施方案为基础，重点关注生态文明审计实施的过程及结果，并出具审理意见书。生态文明审计报告原则上应由审计机关审计业务会议审定；特殊情况下，经审计机关主要负责人授权，也可以由审计机关其他负责人审定。

（三）登记报告干预生态文明审计工作行为制度

对在审计方案编制、审计事项确定和查证、审计结果性文书和审计信息编审、案件线索移送、审计结果公告等生态文明审计工作全过程中，有关人员在正常工作程序之外，对审计人员施加影响，明示或者暗示审计人员对有关事项不深查，对审计发现的问题不予或者不如实报告、公告，从轻、减轻、免除审计处理处罚，或者询问、过问、打探与生态文明审计工作有关的情况等干预行为，实行登记报告制度。审计人员遇到干预行为的，应当在遇到干预行为后 1 个工作日内，如实登记报告干预行为涉及的生态文明审计项目、干预的具体事项、干预方式，干预人的姓名、单位、职务，对干预事项的办理过程和结果等情况，有关材料归入生态文明审计项目档案，复印件交报告人所在审计机关纪委备案。

（四）生态文明审计业务质量检查制度

实行生态文明审计业务质量检查制度是符合中国审计机关在双重领导体制下开展层级监督的要求的。2000 年，审计署发布了《审计机关审计项目质量检查暂行规定》，地方审计机关也结合本地实际，先后出台审计项目质量检查的具体办法。现行审计准则明确规定，审计机关实行审计业务质量检查制度，对其业务部门、派出机构和下级审计机关的审计业务质量进行检查。实践中，一般由审计机关负责法制工作的机构，每年组织一次审计业务质量检查或者抽查。

（五）优秀生态文明审计项目评选制度

《中华人民共和国国家审计准则》确立了优秀审计项目评选制度，规定了审计机关可以定期组织优秀审计项目评选，对被评为优秀审计项目的予以表彰。审计署每年组织一次全国优秀审计项目评选活动，参评范围包括审计署机关、派出机构和地方审计机关。地方各级审计机关也参照审计署的做法，结合实际组织开展了优秀审计项目评选工作。生态文明审计属于新兴的审计类型，通过优秀生态文明审计项目评选的示范和引导作用，可促进各级审计机关提高生态文明审计项目的质量和规范化水平。

五、生态文明审计问题整改制度

中国审计机关坚持揭露问题与促进整改相结合，大力推动审计发现问题的整改，努力增强审计效果，切实发挥审计作用。在生态文明审计的实践过程中，审计机关必须根据《审计法》、政府信息公开条例、国家审计准则和其他有关规定，依法实施和公告生态文明审计结果。被审计单位必须对生态文明审计发现的问题进行整改和依法公告整改结果。此外，各级政府负有督促整改的责任，国家相关主管部门负有督促和协助整改的责任。各地区、各部门要把生态文明审计结果及其整改情况作为考核、奖惩的重要依据。

（一）被审计单位整改制度

被审计单位负有对生态文明审计发现的问题进行整改、向审计机关报告整改情况和依法公告整改结果的责任和义务。对生态文明审计发现的问题和提出的建议，被审计单位要及时整改和认真研究，整改结果在书面告知审计机关的同时，要向同级政府或主管部门报告，并向社会公告。被审计单位的主要负责人是整改第一责任人，负有切实抓好对生态文明审计发现的问题进行整改的责任。被审计单位对生态文明审计发现的问题整改不到位的，被审计单位主要负责人将被约谈。整改不力、屡审屡犯的，被审计单位有关人员将被严格追责、问责。

（二）政府督促整改制度

各级政府每年要专题研究本级生态文明审计的执行和审查出的问题的整改工作，并将生态文明审计发现的问题的整改纳入督查督办事项，加强整改督促检查，服务国家生态文明建设。

（三）相关主管部门督促和协助整改制度

国家相关主管部门负有督促被审计单位整改、协助落实相关审计建议和意见并将落实情况通知审计机关的责任和义务。

对生态文明审计反映的问题，被审计单位主管部门要及时督促被审计单位整改。其中，对于生态文明审计反映的典型性、普遍性、倾向性问题，相关主管部门要及时研究，完善制度规定。对审计机关提出的对被审计单位给予处理、处罚的建议以及对直接负责的主管人员和其他直接责任人员给予处分的建议，有关主管机关、单位应当依法及时做出决定，并将结果书面通知审计机关。

（四）审计机关整改检查跟踪制度

审计机关负有检查督促被审计单位和其他有关单位根据审计结果进行整改的责任和义务，并应当建立有效的整改检查跟踪制度。审计组在生态文明审计实施过程中，应当及时督促被审计单位整改生态文明审计发现的问题，及时规范管理，从源头上杜绝问题的发生。审计机关在出具生态文明审计报告、做出生态文明审计决定后，应当在规定的时间内检查或了解被审计单位和其他有关单位的整改情况。如果检查发现被审计单位没有整改或者整改不到位，审计机关应当依法采取必要措施。其中，被审计单位不执行生态文明审计决定的，审计机关应当责令限期执行，逾期仍不执行的，审计机关可以申请人民法院强制执行，建议有关主管机关、单位对直接负责的主管人员和其他直接责任人员给予处分。检查结束后，审计机关应当汇总生态文明审计整改情况，向本级人民政府报送关于生态文明审计工作报告中指出的问题的整改情况的报告。国务院和县级以上地方人民政府应当将生态文明审计工作报告中指出的问题的纠正情况和处理结果向本级人民代表大会常务委员会报告。此外，审计机关还有权依法向社会公告对生态文明审计整改情况的检查结果。

六、生态文明审计争议解决制度

审计机关行使审计监督权应当受到被审计单位的监督，若审计机关违法或者不当行使审计监督权，则应当依法承担相应的法律责任。为了防止审计机关和审计人员滥用审计监督权，充分保障被审计单位的合法权益，中国建立了高效便民的审计争议解决机制。因此，生态文明审计必须符合我国的审计争议解决机制。

（一）提请裁决制度

依照《中华人民共和国审计法》和《中华人民共和国审计法实施条例》，被审计单位对审计机关进行生态文明审计监督做出的审计决定不服的，可以在生态文明审计决定送达之日起60日内，提请审计机关的本级人民政府裁决。本级人民政府的裁决为最终决定，被审计单位和审计机关都必须服从，不得再申请行政复议或者提起行政诉讼。裁决由人民政府负责法制工作的机构具体办理。

（二）申请行政复议或提请行政诉讼制度

除上述可以提请政府裁决的有关生态文明审计决定外，被审计单位对审计机关做出的有关生态文明审计决定不服的，可以依法申请行政复议或者向人民法院提起行政诉讼。其中，被审计单位申请行政复议的，应当在审计决定送达之日起 60 日内进行；被审计单位直接提起行政诉讼的，应当在审计决定送达之日起 3 个月内提出；被审计单位不服复议决定又提起行政诉讼的，应当在收到复议决定书之日起 15 日内提出。

（三）申诉、复核、复查制度

在生态文明审计中，被审领导干部对生态文明审计结果不服的，也有相应的审计争议解决机制。被审领导干部对审计机关出具的生态文明审计报告有异议的，可以自收到审计报告之日起30日内向出具审计报告的审计机关申诉，审计机关应当自收到申诉之日起30日内做出复查决定。被审领导干部对复查决定仍有异议的，可以自收到复查决定之日起30日内向上一级审计机关申请复核，上一级审计机关应当自收到复核申请之日起60日内做出复核决定。上一级审计机关的复核决定和审计署的复查决定为审计机关的最终决定。

七、与有关各方的协调配合制度

在审计工作中，审计机关在本级党委、政府领导下，十分重视与人民代表大会及有关主管部门、纪检监察机关、司法机关以及新闻媒体等各方的协调配合，与有关各方建立了灵活高效的协调配合机制，取得了良好的效果，对于形成工作合力、增强审计监督力度、促进被审计单位加强整改、充分发挥审计监督作用具有重要的意义。

（一）生态文明审计的计划、实施和成果利用阶段的协调配合

在生态文明审计立项阶段，审计机关要围绕政府生态文明建设工作的重点，充分考虑人民代表大会、本级政府和相关领导机关对生态文明审计工作的要求，有关部门委托或者提请审计机关审计的生态文明建设事项，并在此基础上确定生态文明审计项目。在审计工作现场，特别是在审计调查取证过程中，受自身执法方法、权限和监督范围的限制，审计机关履行生态文明审计监督职责遇有困难时，需要提请公安、监察、财政、税务、海关、环保、工商行政管理等部门和金融机构予以协助。在审计成果利用和审计整改过程中，审计机关也需要有关政府主管部门、司法机关和新闻媒体的协助配合，确保生态文明审计目标的顺利实现。

（二）生态文明审计工作中的协调配合

为了加强对生态文明审计工作的领导，各级党委和政府需建立生态文明审计工作联席会议制度。联席会议由纪检、组织、审计、监察、资源环境等部门组成，负责研究制定有关生态文明审计的政策和制度，监督、检查、交流、报告生态文明审计工作开展情况，协调解决生态文明审计工作中出现的有关问题。

（三）在查处重大违法违纪问题中的协调配合

为了加大揭露查处重大违法犯罪问题的力度，各级审计关与纪检、监察、公安、检察等部门应建立密切的工作联系和协作配合制度，加强对审计工作中发现的超出审计职权范围的事项的移送处理工作。审计移交的案件线索，一般具有涉及金额大、社会关注度高、可查性强等特点，能够为查办案件工作提供很好的基础，成为各级纪检、监察、检察和司法机关查办案件的重线索来源。公安和人民检察院还需分别在审计部门派联络员，负责日常事务的协调。

第五章　生态文明审计的方法

作为一门新型学科，生态文明审计在实践方面还有待进一步完善。在生态文明审计方法中，审计人员必然要运用一些不同于传统审计的方法，这些方法应突出对生态文明建设要素的考虑，从而帮助我们全面理解与生态文明建设有关的问题。对审计方法的探索研究，在补充和丰富生态文明审计理论体系、开展实践等方面意义重大。

第一节　生态文明审计的组织方法

一、项目选择与确立的原则

基于生态文明审计的工作目标，在选择、筛选和确定生态文明审计项目时，应体现重要性、时效性、可行性、增值性、导向性五个原则。

（一）重要性原则

重要性原则即指选择具有代表性、政府和社会关注度高，对社会、经济环境具有重大影响，或可能存在较大问题的生态文明建设项目作为审计对象。在具体选择审计项目时，审计组应着重考虑与广大民众利益密切相关的生态文明建设事项，或者政府比较关注、人民比较期待、耗资较高的生态文明建设项目。通过各种渠道和方法积极发现各种管理不到位、决策不正确导致的资源耗费严重、令国家资产严重浪费的问题，并采取各种合理有效手段进行弥补和处理，促进资金利用效率显著提升，避免国有资产浪费和损失。通过各种工具和方法对财政资金等配置及利用情况进行深入细致的调查分析，按照相关标准和要求备选一批可行性强且发展前景良好的生态文明审计项目，创建一个内容翔实、丰富的生态文明审计项目库，每个项目附上立项说明，作为安排年度项目审计计划备选项目。

（二）时效性原则

我国在不同时期对生态文明建设会有不同的导向和侧重点。时效性原则就是要求在选择生态文明审计对象、做出审计评价与建议时，应与当前政府生态文明建设的中心工作相关，审计成果能及时被转化和利用。

（三）可行性原则

可行性原则是指审计部门在开展生态文明审计工作过程中，需要制订严谨合理的工作方案，并且要保证自身的专业性。首先，生态文明审计项目应保证清晰的目标、适当的评价标准、可获得的信息和资料等。其次，要考虑生态文明审计资源，应具备足以胜任生态文明审计的专业审计人员。必要时还要配备生态环境方面的专家和环保机构等相关部门的人员。最后，需要考虑被审计者的认可度及支持度。

（四）增值性原则

增值性原则是指生态文明审计的结果具有可利用的价值，被审计对象在现有基础上能够进一步改善和提升。在选取生态文明审计项目的过程中，不仅需要考虑生态文明审计能够提高项目的效益程度，还需要分析项目本身能够创造的公共效益。若被审对象能够通过生态文明审计工作的开展获取更多的收益，即意味着生态文明审计创造了较高的价值，项目开展意义重大。

（五）导向性原则

生态文明建设是积极践行科学发展观、构建环境友好型社会的客观需求。因此，导向性原则是指在生态文明建设过程中，需要妥善处理经济建设、生态环境、社会文明三者之间的关系，在自觉遵守以人为本之基本原则的前提下，全面推行和实施环境保护政策，及时发现并妥善处理各种环境问题，加速经济转型，打破原有的粗放式发展模式，避免走先污染后治理的老路，要进一步健全环境法制体系，加强监督和管理，促进我国提高生态文明建设项目的资金管理水平和使用效益，努力实现生态文明建设目标。

二、审前调查

审前调查是评估和判断生态文明审计风险的重要步骤，主要包括以下几个方面：

（一）初步研究确定生态文明审计的目标和范围

在庞大的生态文明审计项目库中选取合适的审计项目，创建专门的审前调查小组，与被审计单位的领导者及骨干人员会面沟通，明确生态文明审计的目的和主要内容，在进行深入细致的沟通之后获取更多有价值的信息，为后期开展生态文明审计工作提供重要依据。

（二）被审计单位的协助与配合

审计人员应积极宣传生态文明审计对生态文明建设的意义和重要性，告知被审计单位应提供的协助和资料，缓解并消除审计部门和被审计单位之间的冲突，从而得到被审计单位的理解和支持，取得被审计单位的配合，且其配合程度能够达到审计的要求。

（三）初步调查和研究

审计人员应尽量收集生态文明审计对象的各方面信息，需要通过合理的方法深入细致地调查被审计对象关于生态文明建设制度的贯彻及落实情况；认真仔细地分析生态文明审计内容，牢记其业务流程情况；前往现场进行实地调查，严格规范地核实情况；拜访相关领域的专家，了解更准确、更全面的情况；在明确生态文明审计重点的基础上合理确定待评价内容。在生态文明审计实施之前，直接与被审计单位就评价标准问题进行讨论，得出双方均接受的结论，作为生态文明审计评价标准。

（四）取得有关项目可行性建设的前期资料

项目可行性建设的前期资料包括立项、可行性研究报告、初步设计、环评报告、投资计划以及相应资金筹措、资金到位、账户设置及资金管理、核算的全部资料。审计机关在开展生态文明审计前，应取得有关项目可行性建设的前期资料。

（五）评估风险和预计增值性

在充分开展生态文明审计调查的基础上评估审计风险和预计审计增值性，客观评价该生态文明建设项目是否存在较大的审计风险或缺乏增值空间。

（六）对具体审计事项进行全面调查

在进行初步调查分析之后，对各个生态文明审计事项进行深入细致的调查，开展规范合理的符合性测试，如调查分析各项制度的贯彻及落实情况等，明确项目的审计目标、内容、重点、工作步骤。在充分调查的基础上，制订一套严谨合理、规范可行的生态文明审计实施方案。

三、制订生态文明审计方案

合理细化生态文明审计实施方案，将各具体事项科学合理地分配至各审计小组。增强工作流程的标准性，并确保审计取证的统一性。

（一）审计目标的确定

在充分考虑审计重点及社会现状等各方面因素的基础上，以项目效益业绩考核为切入点，客观全面地调查生态文明建设项目过程中，资金在使用和管理、生态环境保护、社会文明发展等方面出现的问题，通过对生态文明建设项目的合理评估以及相关政策的情况分析，合理确定生态文明审计目标。

（二）审计范围的确定

审计范围主要从生态文明建设项目的经济性、效率性、效果性、环境性、公平性等方面予以考虑并最终确定。

（三）审计对象的确定

审计对象包括生态文明建设项目运作主管部门，政府投入资金的相关项目单位，立项批准单位、环评单位、设计单位、施工单位等。

（四）审计内容的确定

审计内容主要包括探讨和分析生态文明建设项目在开展过程中，资金是否能够得到合理配置及高效应用，政府公益性项目有无实现预期成效、人民生活水平是否提升、生态环境恶化问题是否改善等。在开展生态文明审计工作时，需要通过各种渠道和方法获取更多的信息和资料。

四、生态文明审计资源配置

高效合理的资源配置是保证审计项目成功的关键。生态文明审计比传统审计更需具备综合素质的人力资源，这是发展生态文明审计的重要前提。所有审计人员应具备较全面的综合业务知识、较强的分析能力及较高的政策理论水平。为解决生态文明审计人力资源匮乏问题，审计部门可进行内部审计或者邀请行业专家参与生态文明审计工作，也可以采取合理的形式进行生态文明审计培训，邀请行业专家通过授课的方式向生态文明审计工作人员介绍新知识、讲解生态文明审计重点等，还可直接安排优秀人员出国学习和深造。对于已确定的生态文明审计项目，可结合项目的具体特性及其涉及的领域，邀请专家参与生态文明审计工作，以此和审计工作者共同致力于发现并处理社会经济、社会文明、生态环境等专业问题，提高生态文明审计工作的效率和效果。此外，也可以与环保机构等部门开展联合审计。随着生态文明建设项目的不断增多，生态文明审计理论研究的成果也会增多，这些成果又将进一步指导实践，从而提高生态文明建设项目审计的水平和质量。

五、组织实地审计

在现场开展生态文明审计工作的过程中，首先需要向被审计对象简单清晰地介绍审计团队、明确审计内容及范围，营造和谐良好的审计氛围。在现场审查文件的过程中，务必要保证各项文件均通过监督人员的审查及签字，并保证各个流程符合法律、政策等。在向被审计对象了解关于设施的利用情况时，需要认真仔细地聆听专业人士的评价和意见，除此之外，还需要在现场尽可能地收集各种可用信息，重视和强化与被审计对象的交流与联系。

六、审后活动的组织

审计组在对获取到的生态文明建设相关信息进行认真细致的分析后，起草审后活动工作报告，其主要内容有生态文明审计工作的改进策略等。整理一套清晰规范、科学合理的审计事实记录，主要涉及审计信息、现场审计等相关内容。起草生态文明审计报告，包括执行情况总结、审计背景、审计目标及范围、审计方法和审计意见等。报告审计中发现的包括环境行为合法性、符合机构指南及政策情况、员工获悉审计及合作情况、环境绩效、改进方案等。最后，将审计报告给每个审计参与人员传阅，以求共识，并由被审计单位的管理层签批审计报告。

第二节　生态文明审计的一般技术方法

《最高审计机关国际组织效益审计准则实施指南附录》等文件，将生态文明审计技术方法大体划分为两种，即数据和信息的收集方法、分析方法（穆继平，2007）。

一、数据和信息的收集方法

生态文明审计中应用的信息和数据包括定量和定性两种，获取这些数据和信息的方法很多，通常会用到以下几种。

（一）文件检查法

在数据信息收集方面，调阅文件是一种合理有效且当前应用比较广泛的方法，文件检查工作的全面开展为生态文明审计打下了良好的开端。审计工作者在开展生态文明审计工作时，需认真细致地研读被审计机构的各类重要报告文件，并对其合规性、合法性以及客观性进行严格规范的审查。

（二）抽样和案例研究

受时间等各种因素的影响，审计工作人员根本无法掌握被审计对象关于生态文明建设项目的所有信息。抽样方法是相对科学且备受业内人士推崇的一种审计方法，它将一般统计信息和相关案例密切结合，并进行深入细致的比对分析，然后从中获取更多有价值的数据信息，最终为其后续做出科学合理的推断提供重要指导。

（三）二手分析和文献检索

二手分析主要指的是对和被审计对象相关的各类专著、期刊、统计信息等资料进行广泛查阅和深入分析，以此为生态文明审计工作的顺利开展提供重要依据。文献检索主要指的是全面收集并合理利用被审计单位之前开展生态文明审计工作时留存的资料及其成果等。通过以上方法，审计工作者能够更全面、更深入地了解生态文明建设项目开展情况。

（四）面谈法

面谈法是当前应用比较广泛的一种方法，主要指的是通过和被调查对象面对面沟通的方式获取所需要的信息。在进行面谈时，需要注意问题的严谨性及合理性，应保证提的问题目标明确，不可带有任何诱导性和歧义性。对于受益面比较广的生态文明建设项目审计，特别是具体涉及某一类公众个体的项目，比较适合这种方法。

（五）调查法

调查主要指的是从已明确的总体范围内，通过各种手段和方法搜集信息。最常见的调查方式是邮件、互联网、电话和面谈等。当涉及的人员或单位数量很多以致无法进行必要的面谈和询问时，可以采用问卷调查方式，关键的环节是设计一套科学合理的表格，要求所有内容采用问答方式。开展调查的主要目的是从特定对象或者部门中获取真实的信息，问卷能够帮助调查组获得更多清晰客观的信息，促其更准确、更深入的了解被调查对象对特定问题或特定项目的看法与认识，从而为生态文明审计工作开展提供正确方向。

（六）开展研讨会和听证会

研讨会主要指的是将行业内的权威人士及各部门的骨干精英汇集，通过深入交流、广泛分析的方式，帮助生态文明审计工作者更深入、更全面地了解生态文明审计的相关问题。开展听证会的主要目的是邀请行业内的权威人士，针对生态文明审计的相关问题提出个人建议和看法。

（七）成立核心小组、参考小组和聘请专家

核心小组一般是根据某课题或项目选取合适的人员，由他们针对课题或项目进行深入细致的交流。参考小组主要由审计工作者以及其他外部机构的权威人士组成，主要负责为生态文明审计工作的开展提供重要的建议。聘请专家则指的是希望能够通过专家讨论的方式对生态文明审计工作的开展提出具有建设性的建议。

二、数据和信息的分析方法

由于经济性、效率性、效果性会通过各种不同的形式反映，审计工作者在开展生态文明审计工作时，需根据实际情况选取合适的方法。在实际工作中，审计人员主要采用下列方法。

（一）比较分析法

比较分析法是当前应用相对广泛的一种方法，能够客观清晰地反映特定项目或事件的发展态势，审计工作者能够对各个时期、各个地区的事项展开全面深入的对比分析，也能够对不同的方案进行比较研究。比如，可以在运转良好的和运转一般的之间进行比较；可以对一个或多个对象和总体情况进行比较；也可以对不同国家的类似领域进行比较。在通过比较分析法进行生态文明审计工作的过程中，首先，要保证选取合理严谨的生态文明审计标准，如备受各国认可的国际标准以及权威性较强的政策方针等。其次，由于生态文明审计工作刚开始不久，尚未构建起完善严谨的评价标准体系，所以在开展实践工作的过程中，需要借鉴其他地区或其他领域的标准，同时，审计工作者需要结合实际情况，合理选取标准并对其进行灵活及时的改进与优化，以此实现对生态文明审计的准确化、合理化评价。

（二）事前事后分析法

审计工作者从多方面出发对生态文明建设项目未正式启动

时的情况与启动后的情况进行全面细致的对比分析，但此方法存在一个非常明显的不足，即审计人员无法确定项目启动前后的差异是否由项目因素所引起。

（三）成本效益分析法

此方法侧重于对审核生态文明建设项目成本与效益的评估和分析，它们既能够通过货币的形式反映出来，也能够通过其他合理的方式体现。在展开成本效益分析的过程中，审计人员需要充分考虑各类成本和效益，不可只分析有形成本和效益，还需要对无形的成本和效益展开深入细致的研究。在生态文明审计中，成本效应分析法通常称为环境费用效益分析法。此方法的难点在于通过何种方式核算环境恢复创造的收益或者环境破坏造成的损失。

（四）回归分析法

回归分析法是通过对大量观察数据的采集和获取，选取合适的数理统计方法，在因变量与自变量之间构建起一个能够对其回归关系进行客观反映的函数表达式，用以测定审计对象与其影响因素的函数关系，主要有简单回归分析模型、时间序列分析模型等。回归分析能够科学合理的量化显示数据间的关系，审计工作者能够以此为基准以对生态文明审计对象做出判断和评价。

（五）层次分析法

层次分析法是一种基于定性分析的，对特定指标因子进行定量分析的研究手段。此方法的核心在于将对决策产生影响的各种指标细分为目标、方案等若干种不同层次，而后采取科学合理的方式进行定量、定性分析。对于决策问题，可根据特定顺序将其细分为多个层次结构，通过计算特征向量的方式严谨合理地推导出各层次中所有指标因素的重要程度。该方法比较适合层次丰富、结构复杂且目标值无法清晰准确描述的决策问题，它可以将结构复杂、难以解决的问题精简化，为定性事件设定合适的值。

（六）模糊综合评价法

模糊综合评价法是当前备受业内人士推崇且应用比较广泛的一种评估方法。简单来讲，它是一种以模糊数学为基础而形成和发展起来的综合性评价手段。此方法在以隶属度理论为指导的前提下将抽象的定性评价转变为清晰的定量评价。对于定量因素，人们目前多通过成熟合理的德尔菲法选取合适的评估指标并对其权重值进行合理设定。在对生态文明审计定性指标进行赋值时，应邀请行业内的权威人士共同赋值，最后取均值作为其定性指标的权重值。从本质上来讲，模糊综合评价法是通过模糊数学对受多方面因素影响的事物进行整体评价。此方法适用于难以量化、比较抽象的问题，现已在多个领域得到大力推广和积极应用。

（七）成本效果分析法

成本效果分析法侧重于对生态文明项目成本与成果间关系的探讨与分析。此关系一般通过每单位成果所消耗的成本进行准确客观的反映。在生态文明审计工作开展过程中引入并应用此方法，能够将其当前获取的数据信息便捷高效地处理为投入与产出效果对比的信息，便于人们查询和了解。为此，基于成本费用和效果间的关系，又可划分出以下两种方法：一是最佳效果法，主要用于成本费用比较接近时全面细致地对比分析各种方案的实施效果，并选择效果最佳的执行；二是最小费用法，主要用于在效益比较接近时，从成本支出角度出发对现有方案进行对比分析，最终选取成本最低的方案。在对成本效果进行探讨和研究时，该方法无须为所有效应赋予货币价值的计量，可直接通过非货币的计量单位进行科学合理的计算，所以，在生态文明审计中极具灵活性。当然，此方法也存在很多不容忽视的问题，比如环境费用效果的测试标准应通过何种方法进行科学合理的选定等。

第三节　生态文明审计的特殊技术方法

生态文明审计是一个特殊的专业领域，有自身的特殊性。为此，针对生态文明审计的特定目标，本书认为其包括如下几个方面：

一、确认经济性采用的技术方法

经济性通常指的是减少投入，即以最少的投入获得满足质量要求的资源。本质上来讲，经济性指的是投入和产出间的关系，即取得同等质量的资源付出的成本是否较低。生态文明建设项目的经济性集中反映在两大阶段：一是生态文明建设项目竣工但是还未正式启用时；二是生态文明建设项目建成并启用时。

项目投资建设完成，但尚未投入运行阶段确认经济性采用的主要方法是着重从审计生态文明建设项目管理入手，认真仔细检查是否存在不符合基本建设程序、预算超支等问题；审查是否执行了招投标制度；项目经理是否实行了回避制度，有无相同监理情况；通过各种合理方法严格审查专项资金有无严格按照规定做到妥善保管、高效利用，是否存在被私自挪用等问题；审查项目投资概况各项取费是否执行了国家确定标准；审查工作价款的结算是否合规，有无高估冒算和虚报投资额问题；审查工程设备、材料是否按设计要求的数量、品种、规格和质量进行采购，招标采购的设备、材料是否为最终购买价格，有无加价收费问题。另外，生态文明建设项目的工期是否存在延期以及核查造成建设工期延期的原因；实际完成投资额与批准的工程项目概算比较，是否超出概算，计算超出概算的绝对数及相对数，分析最终追加建设投资额的合理性（王新媛，2013）。正式投入生产运行阶段确认经济性采用的主要方法是审查生态文明建设项目是否按预定时间进入试运行；是否在规定或公认的期间内，按要求完成了设备调试运行等各项工作；是否存在随意延长试运行时间的问题。生态文明建设项目正式投入运行后，是否达到了预期目标或达到预期目标的程度，项目对社会经济和环境的实际影响情况，以及项目的可持续性情况等。

二、确认效率性采用的技术方法

效率性是指以最小投入获得最大产出。生态文明建设项目的效率性主要关注财政资金使用效率。围绕这一核心问题，效率性审计应沿着资金运用展开：第一，审计按照投资计划、工程项目进度是否合理，合同和协议是否合法，财政资金是否及时拨付到位；第二，审计资金的使用是否合理，预算控制是否得当，是否存在浪费问题，是否存在资金闲置使用效率不高的问题；第三，审计会计核算是否正确，相关资料与信息是否完整等。效率性审计更多地通过财政、财务收支审计体现出来，更加注重对支出过程的控制，表现为事中控制。

三、确认效果性采用的技术方法

效果性是指达到预期目标和结果的程度。效果性的确认主要是通过生态文明建设项目预期应达到的目标与实际运行结果的比较，找出存在差异的原因及解决途径。效果性应关注生态文明建设项目目标的实际情况，包括宏观经济效益、社会效益等相关内容，其表现为事后审计。

四、确认环境性采用的技术方法

环境性是指影响生态文明建设项目投资、运行效益发挥的外部影响。确定生态文明建设项目的环境性一般包括两个环节：一是在项目建设过程中，按照环保部门审批同意的建设项目环境影响报告的要求，应具有的环保处理设施是否按规定合理配置，并通过验收；二是环保处理设施是否正式投入运行使用，污染物排放指标是否达到规定排放控制的标准。生态文明建设完工后，对改善区域的绿色经济、人居生活环境、自然生态环境产生的积极影响。

五、跟踪审计方法的运用

生态文明审计目前主要采用事后审计方法，其审计对象主要以落实的生态文明建设为主，难以在初期环节进行有效防控，事后审计难以前往现场进行广泛深入的调查与核实，特别是隐蔽性较强的环节，难以有效确认生态文明审计行为的真伪。因此，可能会因信息不准确或不全面而造成审计结果不正确，这既不利于保证生态文明审计目标的有效性及严谨性，也容易产生严峻的审计风险。跟踪审计的方法为生态文明审计注入了新的内涵和活力。跟踪审计从目标、内容和取得的成果来看，是对效益审计的一种补充和完善，它能够涉及项目建设的每一个阶段、每一个部分，深入经济效益、社会效益等，属于典型的综合效益审计。

跟踪审计的方法有效弥补了其他审计方法只能够对项目建设的某个环节或某个流程进行审计的不足。通过对生态文明建设项目所有环节、所有流程的严格化、规范化审计，能够比较及时准确地发现生态文明建设过程中的各种问题并给出相应的建议，促进生态文明建设工作严谨有序地开展，并获得可观的投资效益。跟踪审计最突出的特征是在项目刚开始推进时，即对减少投资、增强管理有序性进行深入细致的分析，及时发现生态文明建设中所存在的各种问题，在避免其恶化发展之前将其彻底清除。在审计推进的过程中，审计人员可自主选取审计方法，对项目采用的各项技术及开展的相关活动进行全面深入的监管，尽可能地减少资源浪费，从而获得良好的经济性；实现监测项目的实际效果与预期效果是否一致，以实现其效果性；保证以最少的投入获得最大的产出，以实现其效率性，从而有效地规避了事后审计的种种弊端，实现生态文明审计的目标。跟踪审计不仅能够及时评价生态文明建设项目的经济性、效率性和效果性，还能促使其实现最佳的经济性、效率性和效果性，它是生态文明审计的一种有效模式，也是必然选择。

在进行生态文明审计的过程中，由指定审计机关和部门内部审计机构协同负责，在统一的生态文明审计方案下，规范有序地开展工作。一般来讲，日常审计工作由内部审计机构负责，核心环节、重要事项等需要两者协同参与，最后，由审计机关在严格按照国家规定、政策的基础上提供最终生态文明审计结果。组合型跟踪审计有助于充分发挥审计价值和作用，它既能够促进内部审计人员专业技能的明显提升，也能够在一定程度上弥补审计力量不足。

在采用生态文明审计的跟踪审计方法模式时，审计人员可以经常深入建设项目现场，了解实际情况。跟踪审计的优势相对突出，其主要特征如下：一是从生态文明建设流程方面来讲，跟踪审计主要涉及前期决策审计、资金筹集审计、事后审计等；二是从绩效方面而言，跟踪审计主要涉及工程技术审计、工程管理审计、环境绩效审计、经济责任审计等；三是从资金运行层面进行分析，项目投资从根本上来讲是一种价值运动，它主要涉及四个重要流程，即资金筹集、资金分配、投资运用和投资回收，所以，跟踪审计也需要从上述四部分入手展开深入规范的调查分析，客观全面地揭示各个不同环节的情况。第一，在资金筹备环节，需要针对筹集方式是否合法合规、筹集规模是否符合政策要求等相关内容进行广泛调查和严格审计。第二，关于资金分配，因前期出具的可行性报告会对投资分配结构进行简要清晰的描述，因此在此环节只需要对可行性报告的编制情况进行严格规范的审计，重点审计可行性分析是否合理严谨等。第三，关于投资运用，需要对项目的概算执行情况进行深入全面的调查及严格规范的审计，主要涉及成本控制、资金管理、结算等相关内容。第四，在投资回收方面，需要加强对项目的事后评价，重点对其获得的效益进行全面深入的调查研究，以核实查其效益实况与预期目标是否统一。

第六章　生态文明审计评价指标的构建

第一节　构建生态文明审计评价指标

在构建生态文明审计的评价指标时，我们必须要考虑生态文明建设的特点和性质，根据生态文明建设的要求，构建一个科学的、合理的生态文明审计指标体系。

一、初级指标构建

本书运用 NVivo 11 定性分析软件，从生态文明建设相关的政策法规、生态文明审计理论、相关生态文明审计的学术文章、可持续发展指标体系、生态示范区考核指标体系等文献中分析关于生态文明审计指标的关键词，鉴定出 60 个指标。

二、德尔菲法的运用

为了鉴别文献指标的适用性、合理性和科学性，本书采用德尔菲法对指标的重要性和一致性做出评分鉴定。德尔菲法应用于许多复杂领域，以方便调查地方、区域或全球性的问题，并在这些复杂的问题上达成共识（Musa 等，2015）。德尔菲法也被理解为一种通过科学讨论获得专家共识并帮助解决复杂情况的工具（Smith 等，2013）。德尔菲法主要指的是通过匿名的方式和专家进行交流与联系，获得专家最可靠的共识，这样也可避免专家之间的意见冲突（Dalkey 和 Helmer，1962）。

本书应用 SPSS 定量分析软件分析专家的评分分数。德尔菲法要求专家建立共识（Crisp 等，1997），必须量化共识评判标准（Hasson 等，2000）。在德尔菲法中，一般采用四组标准度量评判专家共识，即在 5 分制的评分中，平均分≥3.00，标准差≤1.00，中位数≥4.00，以及四分位间距（IQR）≤1.00（Geist，2010），并采用肯德尔系数 W 分析专家评分的一致性和稳定性水平，肯德尔系数 W 应≥0.50（Cafiso，2013），如果 $W<0.50$，则必须邀请所有参与者再一次进行问卷调查。

本书联系了 6 位在生态文明审计领域的专家，邀请他们参与本次的德尔菲法问卷调查。为贯彻德尔菲法的匿名性，此处不列出专家姓名。

三、第一轮德尔菲法问卷调查分析

问卷首先通过问卷星在线发放给各位专家。收集完所有专家问卷后，在问卷星平台上下载专家评分汇总表，把汇总表导入 SPSS 分析软件。根据德尔菲法的分析数据要求，主要分析专家对指标评分的中位数、平均分、IQR、标准差和肯德尔系数。第一轮问卷专家评分结果如表 6.1 所示。

表 6.1　第一轮问卷专家评分结果

指标	最小值	最大值	平均值	标准差	中位数	IQR
1. 年降雨量	2	5	3.5	1.049	3.5	1.5
2. 人均水资源占有量	2	5	3.5	1.049	3.5	1.5

表6.1(续)

指标	最小值	最大值	平均值	标准差	中位数	IQR
3. 人均日生活用水量	2	4	3.5	0.837	4	1.25
4. 水土流失率	3	5	4.5	0.837	5	1.25
5. 地下水埋深	3	5	3.667	0.816	3.5	1.25
6. 空气污染优良天数（API）	4	5	4.667	0.516	5	1
7. 人均土地面积	3	5	4	0.894	4	2
8. 耕地面积	2	5	3.5	1.049	3.5	1.5
9. 草地面积	1	5	3.5	1.517	3.5	2.5
10. 森林覆盖率	1	5	4	1.549	4.5	1.75
11. 生态用地比例	3	5	4.167	0.753	4	1.25
12. 土壤有机质含量	3	5	3.833	0.753	4	1.25
13. 大气污染物排放率	1	5	4.167	1.602	5	1.75
14. 年废气排放强度	2	5	4.333	1.211	5	1.5
15. 年污水排放强度	3	5	4.167	0.753	4	1.25
16. 年固体废弃物排放强度	2	5	4.333	1.211	5	1.5
17. 城镇人均生活垃圾排放量	4	5	4.167	0.408	4	0.25
18. 人均煤消耗量	2	4	3.333	0.816	3.5	1.25

表6.1(续)

指标	最小值	最大值	平均值	标准差	中位数	IQR
19. 退化土地面积率	3	5	4.167	0.753	4	1.25
20. 城市全年API优良率	3	5	4.167	0.753	4	1.25
21. 城市环境达标率	3	5	3.667	0.816	3.5	1.25
22. 人均 GDP	3	5	4.333	0.816	4.5	1.25
23. 地区生产总值增长率	3	5	4.333	0.816	4.5	1.25
24. 单位土地面积 GDP 总值	2	5	3.333	1.033	3	1.5
25. 环保资金占用率	2	5	3.667	1.033	4	1.5
26. 环保项目“三同时”率	3	4	3.833	0.408	4	0.25
27. 资金到位率	2	5	4	1.095	4	1.5
28. 污染治理投资额	3	5	4.167	0.753	4	1.25
29. 固体废弃物处置利用率	3	5	4.333	0.816	4.5	1.25
30. 农村可再生能源利用率	3	5	4	0.632	4	0.5
31. 工业重复用水率	4	5	4.333	0.516	4	1
32. 清洁能源使用率	4	5	4.5	0.548	4.5	1
33. 城市生活垃圾无害化处理率	4	5	4.167	0.408	4	0.25

表6.1(续)

指标	最小值	最大值	平均值	标准差	中位数	IQR
34. 城市化水平	4	5	4.167	0.408	4	0.25
35. 居民平均预期寿命	3	4	3.333	0.516	3	1
36. 社会保险覆盖率	4	5	4.167	0.408	4	0.25
37. 贫困人口比率	4	5	4.667	0.516	5	1
38. 环境管理能力标准化建设达标率	4	4	4	0	4	0
39. 国控、省控、市控监测站总数	3	4	3.333	0.516	3	1
40. 地表水水质达标率	4	5	4.167	0.408	4	0.25
41. 废水排放达标率	3	5	4.167	0.753	4	1.25
42. 废气排放达标率	2	5	4	1.095	4	1.5
43. 大气质量达标率	4	5	4.333	0.516	4	1
44. 生活污水处理率	3	5	4.333	0.816	4.5	1.25
45. 城市绿化覆盖率	3	5	4	0.632	4	0.5
46. 农业管道输水率	3	4	3.333	0.516	3	1
47. 矿产资源开采回采率	3	5	3.667	0.816	3.5	1.25

表6.1(续)

指标	最小值	最大值	平均值	标准差	中位数	IQR
48. 环境事故监测能力	3	5	4.333	0.816	4.5	1.25
49. 污染物减少率	4	5	4.5	0.548	4.5	1
50. 决策管理能力	4	5	4.5	0.548	4.5	1
51. 生态文明建设知识普及能力	3	5	4.5	0.837	5	1.25
52. 政策实施情况	4	5	4.667	0.516	5	1
53. 管理有效性	2	5	4.333	1.211	5	1.5
54. 资金运用情况	3	5	4.5	0.837	5	1.25
55. 九年义务教育普及率	4	5	4.167	0.408	4	0.25
56. 生态文明宣传教育普及率	4	5	4.167	0.408	4	0.25
57. R&D 经费支出占 GDP 比重	4	5	4.667	0.516	5	1
58. 环保投资占 GDP 比重	4	5	4.667	0.516	5	1
59. 公众对生态环境满意度	4	5	4.333	0.516	4	1
60. 第三方参与生态环境保护参与率	3	4	3.667	0.516	4	1

从第一轮问卷调查的专家评分可看出，许多指标的中位数、

标准差和 IQR 都不满足德尔菲法对指标重要性的分数条件，并且肯德尔系数 $W=0.276$，小于 0.50，说明专家对指标评分的一致性较低，需要进行第二轮问卷调查评分。

四、第二轮德尔菲法问卷调查分析

课题负责人将问卷重新发给各位专家。在第二轮问卷调查中，我们将各个指标在第一轮评分中的最大值、最小值和平均分都显示给专家，以便专家根据自身专业知识结合第一轮评分，给出中肯的第二轮评分，具体结果如表 6.2 所示。

表 6.2　第二轮问卷专家评分结果

指标	最小值	最大值	平均值	标准差	中位数	IQR
1. 年降雨量	4	4	4	0	4	0
2. 人均水资源占有量	4	4	4	0	4	0
3. 人均日生活用水量	4	4	4	0	4	0
4. 水土流失率	4	5	4.833	0.408	5	0.25
5. 地下水埋深	4	4	4	0	4	0
6. 空气污染优良天数（API）	5	5	5	0	5	0
7. 人均土地面积	4	5	4.167	0.408	4	0.25
8. 耕地面积	4	4	4	0	4	0
9. 草地面积	4	4	4	0	4	0
10. 森林覆盖率	4	4	4	0	4	0
11. 生态用地比例	4	5	4.167	0.408	4	0.25

表6.2(续)

指标	最小值	最大值	平均值	标准差	中位数	IQR
12. 土壤有机质含量	4	4	4	0	4	0
13. 大气污染物排放率	4	4	4	0	4	0
14. 年废气排放强度	4	5	4.833	0.408	5	0.25
15. 年污水排放强度	4	5	4.167	0.408	4	0.25
16. 年固体废弃物排放强度	4	5	4.167	0.408	4	0.25
17. 城镇人均生活垃圾排放量	4	4	4	0	4	0
18. 人均煤消耗量	4	4	4	0	4	0
19. 退化土地面积率	4	5	4.333	0.516	4	1
20. 城市全年API优良率	4	5	4.833	0.408	5	0.25
21. 城市环境达标率	4	5	4.833	0.408	5	0.25
22. 人均GDP	4	5	4.167	0.408	4	0.25
23. 地区生产总值增长率	4	5	4.167	0.408	4	0.25
24. 单位土地面积GDP总值	4	5	4.167	0.408	4	0.25
25. 环保资金占用率	4	4	4	0	4	0

表6.2(续)

指标	最小值	最大值	平均值	标准差	中位数	IQR
26. 环保项目“三同时”率	4	4	4	0	4	0
27. 资金到位率	4	5	4.167	0.408	4	0.25
28. 污染治理投资额	4	5	4.167	0.408	4	0.25
29. 固体废弃物处置利用率	4	5	4.167	0.408	4	0.25
30. 农村可再生能源利用率	4	5	4.167	0.408	4	0.25
31. 工业重复用水率	4	5	4.167	0.408	4	0.25
32. 清洁能源使用率	4	5	4.167	0.408	4	0.25
33. 城市生活垃圾无害化处理率	4	5	4.167	0.408	4	0.25
34. 城市化水平	4	5	4.167	0.408	4	0.25
35. 居民平均预期寿命	4	4	4	0	4	0
36. 社会保险覆盖率	4	4	4	0	4	0
37. 贫困人口比率	4	4	4	0	4	0
38. 环境管理能力标准化建设达标率	4	5	4.167	0.408	4	0.25
39. 国控、省控、市控监测站总数	4	5	4.167	0.408	4	0.25

表6.2(续)

指标	最小值	最大值	平均值	标准差	中位数	IQR
40. 地表水水质达标率	4	5	4.167	0.408	4	0.25
41. 废水排放达标率	4	5	4.167	0.408	4	0.25
42. 废气排放达标率	4	5	4.167	0.408	4	0.25
43. 大气质量达标率	4	4	4	0	4	0
44. 生活污水处理率	4	5	4.167	0.408	4	0.25
45. 城市绿化覆盖率	4	5	4.167	0.408	4	0.25
46. 农业管道输水率	4	4	4	0	4	0
47. 矿产资源开采回采率	4	5	4.167	0.408	4	0.25
48. 环境事故监测能力	4	5	4.167	0.408	4	0.25
49. 污染物减少率	4	5	4.167	0.408	4	0.25
50. 决策管理能力	4	5	4.167	0.408	4	0.25
51. 生态文明建设知识普及能力	4	5	4.833	0.408	5	0.25
52. 政策实施情况	5	5	5	0	5	0
53. 管理有效性	4	5	4.167	0.408	4	0.25

表6.2(续)

指标	最小值	最大值	平均值	标准差	中位数	IQR
54. 资金运用情况	4	5	4.167	0.408	4	0.25
55. 九年义务教育普及率	4	5	4.167	0.408	4	0.25
56. 生态文明宣传教育普及率	4	5	4.167	0.408	4	0.25
57. R&D 经费支出占 GDP 比重	5	5	5	0	5	0
58. 环保投资占 GDP 比重	5	5	5	0	5	0
59. 公众对生态环境满意度	4	4	4	0	4	0
60. 第三方参与生态环境保护参与率	4	4	4	0	4	0

第二轮问卷评分的肯德尔系数 $W=0.528$，大于 0.50，说明专家的评分趋于一致，问卷调查可停止。根据德尔菲法的要求，各指标的平均分≥3.00，标准差≤1.00，中位数≥4.00，四分位间距（IQR）≦1.00，由表 6.2 可看出所有指标均符合要求。

综上所述，根据第二轮问卷调查的专家评分结果，生态文明审计评价指标如表 6.3 所示。根据鉴定的 60 个指标的性质，归类出 12 个二级指标和 5 个一级指标。

表 6.3 生态审计文明审计评价指标

一级指标	二级指标	三级指标
生态环境	生态保育	年降雨量
		人均水资源占有量
		人均日生活用水量
		水土流失率
		地下水埋深
		空气污染优良天数（API）
		人均土地面积
		耕地面积
		草地面积
		森林覆盖率
		生态用地比例
		土壤有机质含量
		自然保护区占辖区面积比重
	环境质量	大气污染物排放率
		年废气排放强度
		年污水排放强度
		年固体废弃物排放强度
		城镇人均生活垃圾排放量
		人均煤消耗量
		退化土地面积率
		城市全年 API 优良率
		城市环境达标率

表6.3(续)

一级指标	二级指标	三级指标
生态经济	经济水平	人均 GDP
		地区生产总值增长率
		单位土地面积 GDP 总值
	经济投入	环保资金占用率
		环保项目“三同时”率
		资金到位率
	循环经济	污染治理投资额
		固体废弃物处置利用率
		农村可再生能源利用率
		工业重复用水率
		清洁能源使用率
		城市生活垃圾无害化处理率
生态社会	人民生活	城市化水平
		居民平均预期寿命
		社会保险覆盖率
		贫困人口比率
	生态管理	环境管理能力标准化建设达标率
		国控、省控、市控监测站总数

表6.3(续)

一级指标	二级指标	三级指标
生态治理	环境保护	地表水水质达标率
		废水排放达标率
		废气排放达标率
		大气质量达标率
		生活污水处理率
		城市绿化覆盖率
		农业管道输水率
		矿产资源开采回采率
		环境事故监测能力
		污染物减少率
	政府治理	决策管理能力
		生态文明建设知识普及能力
		政策实施情况
		管理有效性
		资金运用情况
生态发展	生态教育	九年义务教育普及率
		生态文明宣传教育普及率
	生态投资	R&D 经费支出占 GDP 比重
		环保投资占 GDP 比重
	生态参与	公众对生态环境满意度
		第三方参与生态环境保护参与率

生态文明审计指标的鉴定，有助于我国开展生态文明审计实践时明确审计目标、审计对象、审计内容。德尔菲法在生态文明审计指标构建的运用具有创新性，为学术研究提供了一定的方法创新。

第二节　构建生态文明审计评价标准

评价标准为生态文明审计评价工作的开展提供了重要依据，也为各种审计评价指标的规范化、合理化应用提供了有效指导，我们可通过科学合理的评价标准对生态文明建设项目的有效性、经济性等进行客观全面评价。

生态文明审计评价标准可分为两种方法：一是按照评价标准的维度进行划分，分为宏观、中观和微观；二是按照评价标准的综合性进行划分，可进一步分为计划标准、行业标准、历史标准、先进标准、经验标准五类。

一、按维度划分的评价标准

（一）宏观标准

宏观标准主要指的是国家政府在综合考虑各方面因素的基础上制定的政策、法律法规等，如环境保护政策、《中华人民共和国税法》等。

（二）中观标准

中观标准是指行业、区域的参数等依据，如行业规划、专业标准、实践标准等。

（三）微观标准

微观标准主要指的是审计活动方案、目标等依据，如财务报表、可行性研究报告等。

二、按综合性划分的评价标准

（一）计划标准

生态文明建设项目，不管是一般性质的建设项目，还是投资建设项目，都需要实施规范合理的计划标准，计划标准的参考范围很广泛，可以是国家政策、法律法规、产业政策或者设计文件等。

（二）行业标准

生态文明建设中的公共项目来源广泛，涵盖了多个领域及方面，相关部门应在充分考虑各领域实际情况的基础上，制定针对性、合理化的标准，且该标准一般都要严格遵守国家相关部门制定和出台的政策文件实施。

（三）历史标准

历史标准主要指的是某机关或某区域开展工作时，将其之前开展绩效评估工作时采用的标准或者采用的方法作为当前评估工作的重要参考依据。当前应用比较广泛的历史标准主要包括历史审计结果、行业平均水平等。与历史标准进行全面细致的对比分析，有助于更清晰地检查现行项目取得的绩效是否达到或超过历史最高水平。不过在现实应用中，应结合实际情况对历史标准进行合理调整与优化，以保证历史标准能够满足客观现实的评价需要。

（四）先进标准

评价生态文明建设时，可将其他地区达到的先进水平定义为评价标准，在进行比较分析之后，明确其中的偏差，再深入细致地剖析原因，并提出合理有效的改进策略。在选取先进标准的过程中，务必要全面深入地分析该地区具体情况，切勿与实际情况脱节。另外，由于不同地区在经济建设、文化发展等方面存在明显差别，所以在进行评价的过程中，务必要选择与地区实际情况相差较小的地区，不能照搬标准，需根据实际情况进行修正。

（五）经验标准

经验标准主要指的是在结合生态文明建设现状的基础上，

邀请行业内的权威进行深入讨论和细致分析后制定的相关指标标准，此类标准权威性较强，但存在着适用领域狭窄的局限性，往往在无直接的行业标准可用时才会选择此标准。

我们要正确认识到，标准并非固定的，它会随着生态环境的改变而呈现出相应的变化，所以，需要根据实际情况对其进行合理修订与完善。另外，生态文明审计的评价标准属于典型的区域性概念，不同地区在经济建设、生态环境、社会发展等方面存在明显差别，因此衡量标准也不尽相同。

第七章　生态文明审计的建设机制与路径

良好的生态环境不仅与人类的生存环境有关，还会影响人类的经济和社会的可持续发展以及子孙后代的幸福，是人类生存和发展的前提条件。党的十八大以来，生态文明建设是国家治理的重点。生态文明建设不仅关乎当下，更关乎中华民族的可持续发展，只有实现可持续发展，在实现经济发展目标的同时，保护好生态环境，才能真正实现民族伟大复兴。

审计作为国家监督的重要组成部分，是推进改革、完善国家治理体系、实现国家社会发展总目标的重要监督力量之一，具有重要的推动作用。生态文明审计对我国经济和社会实现可持续发展、健全生态文明保护制度有着重大作用和意义。但是目前，我国的生态文明审计体制尚未完全建立，生态文明审计理论仍不健全，生态文明审计实践方法尚未明确。所以，我们必须把生态文明审计建设提上议事日程，从而更好地推进生态文明建设，促进生态文明建设。在开展生态文明审计的过程中，要密切关注影响我国生态文明建设的各种因素的发展变化，做到事前预防、事中应对、事后处理，由事后揭示和修复变为事中监测、事前防范，由对已发生事项的关注转为对现在甚至将来事项的关注，更注重事项的时效性和发展趋势。并且，通过完善生态文明审计体制、理论、方法来促进生态文明审计的发展，同时促进我国生态文明建设。

第一节 新时代生态文明审计展望

一、促进我国经济可持续发展的迫切需要

推进生态文明审计的开展是促进我国经济持续健康发展的迫切需要。在我国当前的社会经济发展中，最大的挑战就是生态文明问题。一方面要保持经济发展速度可持续增长，另一方面要加强生态环境保护，推进环境治理和生态环境改善，满足人民对生态环境的新需求、新期待。通过生态文明审计达到国家治理的目标，以构建和谐生态文明的理念建设生态文明审计的新模式，既是经济建设的重要组成部分，也是建立生态文明制度体系的重要内容，对于全社会树立科学发展观，推动新时代生态文明建设具有重要意义。

二、解决我国发展不平衡、不充分的重要保障

生态文明审计的开展是解决我国发展不平衡、不充分的重要保障。不平衡、不充分发展在生态文明建设方面的主要表现有三个方面：一是经济建设投入和生态环境建设投入之间的不平衡，一味追求 GDP 仍然是一些地方政府的政绩目标；二是生态伦理与生态环境协调发展不平衡，人类与生态之间的道德关系仍然是制约中国生态文明建设的瓶颈；三是生态科技发展与生态保护不平衡，发达地区的生态保护水平要高于经济发展落后的地区。因此，只有大力推进生态文明审计，实行严格的审计制度、严密的审计法治，让生态文明审计成为一条高压线，才能为生态文明建设提供可靠保障，解决生态发展不平衡、不充分的问题。

三、实现国家治理体系现代化的需要

生态文明审计是实现国家治理体系现代化的需要。国家治理的需求决定了国家审计的产生，国家治理的目标决定了国家审计的方向。因此，从国家治理的角度，进一步深化对生态文明审计本质特征的认识、准确把握生态文明审计的发展规律，对于更好地发挥审计监督的作用、推动国家审计的科学发展，全面贯彻落实习近平总书记治国理政新理念具有重要意义。

生态文明审计是建立系统完整的审计体系的重要内容。国家审计是国家治理的重要组成部分。生态文明建设是“五位一体”总体布局的重要内容。当前，我国的生态文明审计工作还缺乏深入的理论研究，在制度上缺少明确的准则指南。实际工作中，还存在评价标准不一致，组织机构不完善等情况。尤其是审计结果质量还无法保证。因此，完善生态文明审计有利于健全与国家治理体系和与治理能力现代化相适应的审计机制，更好地协调推进“五位一体”的整体布局建设。

第二节　健全生态文明审计体制

祝孟叶（2019）指出我国关于生态环境的审计报告数目严重不足，财务审计居多，很少有合规审计和绩效审计，并且，与生态文明建设的战略部署的要求相比，审计结果公告的数量较少。这说明目前的审计理论和实践远远低于生态文明建设的需求。建立健全的生态文明审计体制迫在眉睫，应明确审计的主体，扩大审计的业务范围，加强审计力度，构建问责机制，强化生态文明审计服务国家治理、促进生态文明建设的功能。

一、健全生态文明审计的主体及其审计业务

生态环境保护具有鲜明的公共物品特点，政府审计部门相较于其他类型的审计机构具有较强的权威性，现在，大部分生态审计由政府审计部门负责。众所周知，生态文明建设是一项涉及多方主体、涵盖内容比较多的复杂性工程，在进行治理时，需要政府、公司、民众等积极参与、共同支持。所以，在进行生态文明审计时，应要求被审计公司内部审计部门、社会第三方审计机构（注册会计师审计）等积极参与，共同构建严谨完善、科学合理的监管体系。通常来讲，政府审计、内部审计和注册会计师审计在职责方面侧重不一，但是在生态文明建设过程中，三者应深入联系、协同合作，共同致力于生态文明审计有条不紊地开展，着力构建并积极完善由三者共同组成的生态文明审计体系。

（一）政府审计

在生态文明审计方面，政府审计扮演着极其重要的主导者角色。政府生态文明审计属于宏观层次，需要由国家审计部门负责，其主要职责是全面调查并客观评价政府环境政策的落实情况，深入实地、认真审查环境项目的具体建设及进展情况，核查环保资金的管理及应用情况，以期在健全和优化环境政策的基础上推动生态文明良好建设。

第一，生态环境政策执行审计是政府生态文明审计的重要构成内容。在生态文明治理过程中，各级政府纷纷在立足现实情况的基础上制定了各种各样的生态环境政策，主要涉及政策制定、实施、监督等多个不同环节。环境政策的贯彻与落实是一个典型的动态化、持续化过程，对所有环节都应进行严格规范的政策评估，以此为其运行提供重要指导。生态环境政策执行情况的审计从根本上来讲属于政策评估，不仅能够为决策者

提供重要信息，还会对资源再分配产生较为深刻的影响。生态环境政策主要由产业政策、财政政策、产权政策等构成。政府审计部门需要着重核查资源节约、生态文明制度建设等相关政策的具体贯彻情况，及时发现其政策贯彻不积极、落实效果不理想等问题。其中，在资源节约方面，政府需要投入大量人力和物力集中审查国家有关耕地保护、节能降耗、生态环境污染等监管政策的具体落实情况，积极揭示并严厉查处由于毫无节制地砍伐森林、开采资源等而造成的环境破坏、资源短缺等问题。在生态文明制度建设方面，政府审计部门需要通过各种渠道和方法全面深入地核查国土空间开发保护制度、环境保护制度等的有效性、严谨性及落实情况。审计工作者根据其掌握的信息，对生态环境治理情况进行客观公正的政策评价，为改善自然环境、保障生态安全提出建设性建议，督促相关部门尽快修订和优化生态环境政策，促使审计在改善自然环境、保障生态安全等方面充分发挥预警及纠正作用。

第二，生态环境绩效审计是政府生态文明审计的重要构成内容。生态环境绩效审计不仅代表了当前全球政府资源环境审计的发展潮流，而且是资源环境审计参与国家治理的较高层次。根据我国生态文明建设现状，政府生态绩效审计主要涉及如下内容：一是强调对法律法规执行绩效的严格检查，公平客观地评价国家资源环境监管机构敦促并引导广大民众及公司单位自觉遵守环境法律政策的效率性；二是强调对生态环境政策绩效的严格检查，公平客观地评价生态环境政策及行政管控的经济性与有效性；三是强调对生态环保投资项目绩效的全面考核，公平客观地评价项目投入使用后创造的社会效益及生态效益；四是强调对生态建设项目绩效的严格考核，公平客观地评价项目设施建设成本及其运行效率；五是强调对生态建设财政资金绩效的全面检查，公平客观地评价资金预算分配的合理性、资金使用的经济性及效率性等。生态环境绩效审计的主要目的是准确全面地识别出影响生态环境效益的主要因素，立足于实际情况提出科学合理且具有建设性的良好建议，保证生态环保资金合理分配、严格管理科学及高效利用，形成严谨科学的审计公告，制定并实施问责制度，以期获得良好的生态治理成效。

第三，生态环境项目审计是政府生态文明审计的重要构成内容。生态环境项目审计的主要内容是生态环境保护重点项目建设的情况，并着重对国家投资或者参与的生态环境保护项目进行严格规范的审计，如生态环境保护工程、环境基础设施公共服务工程等。同时，应将生态项目建设的合规性和其设施投入的有效性相结合，共同展开专业全面的审计，这不仅需要认真调查生态环保工程项目有无违规情况、资金用途有无随意变更等；还需要加强对工程项目绩效的全面化、定期化、公正化的评价，保证工程投资及时，促进项目高效高质地开展，有效维护生态环境安全。

第四，政府生态文明审计涉及生态环境责任审计。在受托责任范围持续扩大的背景下，生态环境责任审计应运而生，它主要指的是对各区域、各政府单位、公司履行生态环境保护责任的情况展开严格规范的审计。审计内容主要涉及生态环境保护工作问责制度的构建及执行情况、工作绩效考核情况等。我们要不断调整和优化规划，全面加强监管，敦促领导增强环保意识，牢牢树立起正确健康的政绩观，打破盲目追求经济发展而忽略生态环境的粗放型发展模式，避免重蹈“先发展后治理”之辙，促进各区域、各政府单位及公司纷纷套上“绿色安全阀”。

（二）内部审计

内部审计是生态文明建设审计的微观基础。在我国生态文明建设道路上，各类公司和单位的运营活动，从最初规划、预算、决策到最终结束，内部审计为确保生态文明建设战略目标顺利达成提供生态风险防控、追踪反馈、及时纠错等服务，确保了其开展的各项运营活动与我国现行生态文明建设战略高度统一。

第一，内部生态文明审计涉及对组织单位环境管理系统的审计。作为全面管理体系的重要构成，环境管理体系主要包括为制定、实施、评审和保持环境方针所需的组织机构、规划活动等，并涵盖了组织的环境方针、目标和指标等。换句话说，内部审计人员应通过各种合理合规的手段和方法对组织单位及其他组织的生态文明管理系统展开全面深入的调查，对其在生态文明管理活动中产生的各项数据及信息进行认真研究。追踪评价组织单位生态文明政策落实情况及生态文明管理系统运行情况，以确保企业的运营活动、规章制度等符合国家的生态文明政策和生态文明建设的需要。

第二，内部生态文明审计包含对生态文明风险管理和内部控制的遵循情况的审计。内部审计参与生态文明建设监督能够为被审计对象提供生态文明风险管理和内部控制的“增值”服务。内部生态文明审计对被审单位生态文明风险管理和内部控制遵循情况的审计内容应包括以下几点：一是对管理层承担生态文明责任相关的政策、计划和表现情况进行客观全面的评价；二是对被审公司的环境风险展开严格合理的评估，及时敏锐地识别出各种潜在风险和隐患，确保被审计对象不会被风险击垮；三是对被审对象生态文明责任内部控制计划及落实成效进行客观全面的评估，准确揭示被审对象生态文明内控的不足之处，并对存在的薄弱环节提出建议和咨询意见，从而帮助被审单位管理层树立生态文明意识，提高其履行生态文明建设的社会责任能力。

（三）社会审计

社会审计是对生态文明建设审计的有效完善。结合我国生态文明建设需求，政府审计、内部审计还无法独立承担全部的生态文明审计任务，在此背景下，社会审计应运而生，可将其视为政府生态文明审计的可靠帮手，应得到人们的高度关注，以期在丰富生态审计主体的基础上，促进审计效率和质量大幅提升。

第一，社会生态文明审计包括环境报告的鉴证。随着我国生态文明建设法律机制的日臻完善、资本市场的有序发展、社会公众和单位的生态文明意识的不断提高，会有更多的被审对象主动积极地公开生态文明信息，继而对其相关方决策产生较大影响，会有更多的被审计对象主动聘请注册会计师鉴证生态文明信息。特别是纳入国家重点污染源监控的公司，已明确要求它们定期披露生态环境信息，所以，它们需要聘请保持高度独立性且专业能力出众的第三方审计机构对被审对象的生态文明信息披露进行严格规范的审核。第三方审计机构会着重评价被审对象在节约资源、杜绝生态环境污染破坏等管理控制措施的有效性，并将报告和结论提交给利益相关者群体。

第二，社会生态文明审计包括生态认证服务。当前，我国生态文明建设步伐日益加快，市场化改革持续深化，包括污染物排放许可制、排污权等在内的相关制度得以制定和实施，作为一项新业务，生态认证主要涉及组织生态足迹认证、碳排放权认证等。以上均需保持较高独立性且专业能力出众的第三方机构对生态环境交易制度的完善性、有效性进行客观公正的评价。不论是从专业水平层面来讲，还是从市场适应能力层面而言，社会审计均表现出突出优势。

（四）社会公众参与审计

生态文明审计的最终受益者是每一个社会公众。公众不应仅是生态文明审计的旁观者和听众，也应是生态文明审计的评价者、监督者、受益者。缺少社会公众参与的生态文明审计，可能会造成审计人才不足、审计力度不强、审计内容不完善、审计结果不科学等情况。生态文明审计理应以“公众参与、全民共享”为结果导向，鼓励公众对生态文明审计计划、审计工作、审计报告等环节进行评价和监督。因此，我们可引入社会组织、舆论监督、专家指导等各利益相关方，使其共同协作，集中民智、体现民意，构建多主体合作的生态文明审计模式，这是破除目前领导干部自然资源资产离任审计以单一的政府审计为主体的有效模式。并且，在生态文明审计工作中，审计机关应当关注舆情民意，紧密结合公众关注的生态环境问题开展审计工作，以确保生态文明审计项目反映公众的利益诉求与切合公众的现实利益。在审计过程中，应当重视公众的评价权、监督举报权、建议权等权利。例如，可以在审计取证、审计评价、审计报告等环节纳入公众参与元素，采用公众生态环境满意度评价、公众投诉、公众调查、公众听证等做法来选择生态文明审计项目、收集被审计对象信息，将审计结果公之于众，以便公众获取、理解生态审计结果信息，助推公众参与生态文明审计工作，提高生态文明审计结果的运用效果。

二、明确生态文明审计业务的范围界定

生态文明审计涉及水、大气、土壤、能源、矿产等资源，以环境审计、领导干部自然资源资产离任审计、生态审计为突破口，将对经济社会发展中的生态文明情况做出基础数据的梳理和审计方法的探寻，再拓展为生态文明审计，实现对生态文明的全覆盖。并且，审计要覆盖应关注的重点领域，对重点对象重点审计，对相对不重要的审计对象降低审计频率。生态文明建设是现阶段的主要任务，生态环境与宏观经济活动密不可分，只有对自然资源资产进行全面梳理，才能更好地推进生态文明建设的审计和问责。审计常态化要求对生态文明审计有持

续性，这就要求以领导干部为突破口，建立一套完善的生态文明审计体系，为生态文明建设打下基础。以目标为导向，重实效，确立审计对象、审计主体、审计内容、审计方法、审计功能等，充分展开审计业务，最终将审计结果运用到定性和处罚上，对责任主体问责，从而激励和促进生态文明。

依据生态文明审计目标，我们可将生态文明审计划分为四类，它们分别是财务、业务、行为和制度。以这四类划分为基础，将财务和业务进行合并审计，从而对生态文明信息的真实性做出鉴证评价。生态文明信息指的是组织、项目、政策的运行或绩效的信息，反映的是被审单位对生态文明政策和落实情况的实际信息。对信息的审计主要是关注其真实性，如对生态环境保护和治理的项目、资金使用，则要对预算及资金使用去向进行追踪，来判断资金数据的真实性，防止弄虚作假。对生态文明行为的审计则集中在生态环境的财务、相关经济业务行为和生态文明落实行为等是否符合法律法规和规章制度。对生态文明制度的审计反映在被审单位对我国生态文明制度的贯彻以及被审单位的生态文明制度设计和执行情况是否能保障生态文明建设的持续推进，并指出被审单位的生态文明制度的缺陷和不足。此外，生态文明审计也要关注绩效，将绩效审计作为生态文明审计的一个重要部分，对生态文明建设的有关资金和经济活动的绩效做出判断，确定绩效处于何种水平以及其与应有水平的差距。

三、建立生态文明审计的问责机制

当前，中国特色社会主义进入了新时代，新时代的生态文明建设需要审计发挥重要的监督作用。生态文明建设需要个人和政府都加强自律。但无论是个人还是政府，自律水平受宗教信仰、文化传统、教育程度和体制机制等方面因素的影响，若自律达不到效果，就需要外部力量进行制约，如法律法规、政策制度等。在资源节约和对环境的保护上，由于缺少个人责任划分和处理处罚，任何主体都难以主动承担生态文明保护的责任。虽然法律法规、政策制度等都是确保生态文明建设的重要手段，但对被审计单位的行为仍然缺乏有效的监督手段。对被审计单位的监督可以通过责任划分、问责、考核等外在手段制约，此时，审计问责就起到了至关重要的作用。生态文明审计是国家治理的重要手段，一定要明确责任、落实责任，这是国家治理的重点。基于委托代理的国家治理理论，政府作为代理人，在拥有权力的同时也背负责任。国家审计是权力制约的一种手段，代表公共利益。但当生态文明政府失灵时，生态文明审计可通过评价政府经营管理活动的绩效，促进政府改进不当之处，从而在国家系统中起到服务国家治理的作用，揭示问题，促进改善，对生态文明建设中的财务或非财务的信息、行为、制度进行有效的鉴证、监督和评价，对生态环保资金的使用、不利于环境保护和文明建设的行为、法律法规及政策执行等各方面进行监督。但是仅仅做出评价，对生态文明建设的作用是有限的，只有通过对实际问题提出改进意见，并且意见被采纳、问题被改正，才能真正有效促进生态文明建设，这也是生态文明审计制度真正发挥效力之处。因此，生态文明审计制度应该构建问责机制，对政府进行监督，通过责任评价，落实对个人的奖励或者惩罚，从而促使政府及主要领导干部改善问题。将政府及其领导干部对自然资源的管理使用情况以及其在任期间对生态环境的保护、修复、破坏和文明建设的实施情况等行为进行评价后，可对相应的责任定性，展开问责，并将其纳入对领导干部的考核，实现对领导干部的真正约束，这样才能明确起到打击阻碍生态文明建设的行为、减少对生态文明建设不重视的现象，最终实现自然资源的合理利用、生态环境的有效保护、经济社会的文明建设。

第三节　生态文明审计服务国家治理的机制与路径

随着改革开放的持续深化，我国经济取得了一系列令人瞩目的成就。但是长期以来推行的粗放型经济发展模式使部分区域出现了严重的环境污染、资源过度开采等问题。鉴于此，党的十八大之后，便将推进生态文明建设提高至国家战略层面，同时，将生态文明建设和文化建设、经济建设等紧密联系，旨在构建一个生态环境优美、民富国强的国家。从广义层面来讲，生态文明建设是一项涉及多方面内容的复杂性工程，不单单包含环境污染防治、自然资源的开发利用，还涵盖了生态建设与恢复等重要内容，并呈现出明显的关联性、动态化特性。总体来看，要实现生态文明建设，就应学会以新的思维方式思考和分析问题，正确认识到生态文明是人类生存与发展的重要根基。它不仅是“后工业时代”的一种未来文明形态，而且更应是当下，也就是“前工业时代”的一种现实而伟大的文明实践。

生态文明建设是一项系统而复杂的工程，其中既要解决人为的污染，又要面对自然灾害的威胁；既要解决资源的浪费，又要面对资源紧张的困境。目前，我国审计理论和实践还不能满足生态文明建设的要求。我国生态文明审计，从形式、内容、方式、方法等方面来看，还存在着各种各样的缺陷，这也导致生态文明审计在实施过程中面临一些困难和考验，具体如下：第一，生态文明审计的法律依据不充足。当前出台和实施的审计法、水污染防治法等相关法律法规均未对生态文明审计进行详细明确的规定，造成生态文明审计工作的开展缺乏可靠的法律依据与保障，这在很大程度上制约了生态文明审计实践工作的高效化、规范化、有序化开展。第二，尚未制定一套统一规范、严谨清晰的评价标准体系，这切实影响了审计职能的充分履行。第三，生态文明审计专业力量严重不足。生态文明审计专业性非常强，对审计人员的知识积累和业务技能要求非常高，审计人员不仅需要掌握基本的财会知识、审计知识，也需要精通环境学、法学、经济学等相关领域的知识，目前很少有审计从业人员可满足上述要求。

因此，生态文明审计应攻破眼前主要发展问题，积极探索生态文明审计的机制与服务国家治理的路径，紧盯影响我国生态文明建设重要因素的变化，逐步实现由事后揭示变为事前防范，由对已发生事项的审计关注变为对将来发生事项的审计关注。生态文明审计既有助于保障生态建设资金安全，也能够督促政府部门积极主动地落实相关政策、践行相关职责，由此获得可观的生态文明建设效益。

一、完善生态文明审计制度的顶层设计

2015 年，我国制定了“1+6”生态文明改革方案，陆续出台了《环境保护督察方案》《大气污染防治行动计划》等一系列方案政策，为加强生态环境保护，确立了“一岗双责”制，对于任何破坏生态环境的行为，推行并实施“党政同责”制。不过，在生态文明审计方面，我国截至目前还没有进行顶层设计。对此，要想获得良好的生态文明审计成效，促其在生态文明建设过程中充分发挥其优势和作用，审计署应加强统筹规划，立足于国家实际情况，积极构建并不断优化生态文明审计制度体系，为生态文明审计工作的规范化、有效化开展提供重要指导，重视对生态文明审计行为的管制和约束，确保生态文明审计工作正常开展。审计署应协同环保部等相关职能部门制定完善严谨且具有良好可行性的生态文明审计法规条例，为生态文

明审计工作的规范化、高效化、有序化开展提供可靠的法律保障，同时，在以系统论为指导的前提下，以加速生态文明建设与发展为主要目标，对生态文明审计进行科学合理的顶层设计，全面部署生态审计工作，坚持全国一盘棋、相互联动，促进生态文明审计“一张蓝图干到底”。

二、构建生态文明审计大格局

生态文明审计是一项涉及多方面内容的复杂化、系统性工程，它以改善生态环境、保障生态安全为切入点，高度关注生态文明建设问题，以其专项资金的合规性审计为主要内容，对生态文明政策的落实情况、生态项目绩效进行客观全面的评价及严格专业的审计。生态文明审计需要对多种不同的单位进行审计，这对审计人员的专业知识和综合素质提出了较高要求。生态文明审计不仅需要对生态资金的合规性进行严格规范的审计，也需对干部任职其期间的履责情况、政策实施情况等进行全面细致的审计。然而，现有审计队伍力量较为薄弱，知识结构比较单一，无法全面有效地满足生态文明审计需求，只通过某审计部门开展审计工作，难免会因人员知识结构单一、业务技能水平较低等影响审计工作快速高效地开展，所以，需要消除专业分工壁垒，将社会审计、国家审计等在内的相关部门进行统一整合，形成全面联动，促进审计效率和质量全面提升。基于专业内容的不同，可将生态文明审计进行合理细分，比如生态项目投资审计、生态文明建设专项资金审计等。此类审计之间不仅侧重不一，并且具有一定关联性，个别之间还存在交叉现象，所以，需要制定清晰合理的生态文明审计总体战略，从全局出发统筹规划，减少审计资源的投入与损耗，共享审计成果，提高审计资源利用效率。

三、全面树立生态文明伦理观念

审计致力于为生态文明建设提供专业高效的服务，首先需要紧随时代发展积极转变传统观念。一是积极主动地学习并深入领悟可持续发展观，引领所有审计工作人员转变传统观念，逐步形成尊重并顺应自然发展规律、爱护自然环境的正确生态观，让所有人都深刻地理解到生态文明是随着时代发展形成的，反映了全球未来发展趋向。引导人们从自身做起，坚持低碳出行，养成节约资源的良好习惯。二是将生态文明建设作为审计干部培训的重要内容，积极宣传并鼓励干部自行学习和领悟生态与文明相关的政策文件，重视并强化对生态文明审计所需专业化、复合型人才的招纳与培育。三是将生态文明宣传纳入审计范畴。被审对象有无树立起正确积极的生态观，有无自觉参与相关培训，有无制定严谨合理的生态文明治理的制度等，均是生态文明审计中不可或缺的重要组成部分。所以，审计工作者在揭示问题之后，应就如何解决问题提出专业建议，比如向被审计对象讲解和宣扬生态文明建设知识，增强其责任感和生态文明意识，转变不利于生态文明建设的工作生活方式。

四、加快生态文明审计的理论研究

生态文明审计实务的发展高度依赖于完善严谨、规范合理的理论机制的支撑。生态文明审计的发展，是在坚持理论和实践相结合的基础上，鼓励并引导各方积极配合、协同发展。需要将生态文明审计看作一个完整的系统进行深入细致的分析，既涉及基础理论部分，也涵盖了应用理论部分。其中，在基础理论部分，需要充分明确审计的目标、对象、范围、原则等内容，并以此作为应用理论研究的基础和前提。在应用理论部分，主要包括审计步骤、准则、评估标准等内容，构建适合中国特色的生态文明审计模式。

在开展生态文明审计基础理论研究时，应广泛借鉴发达地区或发达国家的经验，多开展交流、召开生态文明审计研究专题研讨会，以提升我国生态文明审计理论水平。并且，生态文明审计的理论研究应当由审计机关和高校、科研机构等教育科研部门合作进行，才能获得更好的效果。审计机关在生态文明审计实务领域拥有较多经验，可以提供丰富的案例素材，高校和科研机构人员拥有扎实的理论功底，更有能力进行深层次的理论探讨。只有二者相互结合，才能实现优势互补，更好地推进生态文明审计理论研究。

在开展生态文明审计应用理论研究时，核心在于抓紧研究建立相关的专业指标评价标准，并在不同的地区、市县进行试验，再结合其暴露出来的问题展开深入细致的研究，由政府确定最终评价机制，为中国生态文明建设提供权威的生态文明评价指标和标准。

五、规划生态文明审计的目标和具体计划

每一个生态文明审计项目都有其独有的特征与要求，政府审计部门需要在考虑其拥有的权力及其实际审计水平的基础上，结合被审项目的特征确立合理的审计目标，制订严谨可行的审计计划，同时对得到的审计结果进行客观全面的评价。详细来讲，应明确哪些项目需进行财务资金审计、哪些项目需进行资源环境绩效审计等；需要规划好宏观型生态文明审计和微观型生态文明建设资金项目审计的时间和次序等问题。

六、推进生态文明建设绩效审计

生态文明审计的主要目的是改善生态环境、提高资源利用效率、确保生态文明建设的可持续开展。相较于经济绩效审计

等常规审计而言，生态文明审计最突出的特征是将审计和生态文明相融合。目前，审计署特别表示，在对资源环境进行审计的过程中，应自觉坚持节约资源、保护环境的重要理念，以保障生态系统安全为主要目标，充分彰显审计在推进节能减排政策实施、改善环境质量、减少资源损耗等方面所起到的正面效应。此规划反映了生态文明审计和常规审计之间存在显著不同，它和传统的财务收支审计、经济绩效审计等有着明显的区别，它超脱了常规审计和财务之间具有较强关联的特征。生态文明审计需从长远出发，以可持续发展的理念和立场审视并分析经济和自然的统筹，不可只强调经济增长，也需要对资源利用情况、资源环境政策的落实情况等给予高度关注。以上均能够促进科学发展制度体系的构建，尽快摒弃粗放型经济发展模式，逐步形成环境友好型社会，促进生态文明建设取得质的飞跃。

七、开展自然资源资产负债表的编制和审计工作

自然资源是指那些受人类活动影响的自然环境资源的总量，既包括传统的土地、水、森林、矿产等资源，也包括水体、湿地、空气等作为生态系统和宜居环境的资源。自然资源资产负债表是反映某个国家、地区和企业在某一特定日期自然资源形成、开发、配置、储存、保护、利用和再生等存量和增量状况的报告体系。自然资源资产负债表能够反映领导干部在其任职期间的自然资源资产变化情况，将资源资产的变动和领导干部对自然资源资产保护的责任相关联，进一步界定领导干部对资源资产变动情况负有何种责任。自然资源资产负债表的编制应遵循会计基础，在摸清基础数据的前提下，将存量流量的变化指标与各方面达成一致，并结合自然资源开发和生态保护过程中的财务收支情况，探索自然资源价值的编制。自然资源资产负债表能够真实记录和反映各地区自然资源资产的真实数量、

价值及其变化情况，当基础数据能够依托自然资源资产负债表得到真实反映，审计的基础数据就有了保障，就有利于开展审计工作。

当前，自然资源资产负债表可以借鉴国际上“环境与经济综合核算体系”（SEEA）的原理和方法来编制，也可借鉴现行环境会计中的环境资产负债表的原理和方法来编制。两种编制方式既有联系又有区别：前者侧重于对自然资源种类、数量、质量的数据统计性描述，后者侧重于按照会计恒等式反映自然资源资产与自然资源负债之间的核算存量和对应关系。但是，前者可以为后者提供重要的理论基础和数据来源，尤其是其实物和复合账户体系。后者可以作为前者更具逻辑性、系统性和针对性的有效补充，实现了从实物账户到价值账户和资产负债表的系统演化。自然资源资产负债表审计的重点在于：自然资源资产的产权是否清晰、归属是否明确、内容是否完整、归类是否清楚、记录是否全面、计量是否科学、核算是否系统、存量是否确保、增量是否真实、披露是否及时，与经济社会发展水平是否匹配，有没有出现经济“空心化”现象等审计内容。

八、开展领导干部自然资源资产离任审计

长期以来，党和政府施政的重点一直在于追求经济的快速发展和 GDP 的高速增长，忽视了自然资源开采利用的外部性或稀缺性和生态环境的极端脆弱性。在新时代发展背景下，政府及主要领导干部都十分重视对自然资源资产的管理、对环境的保护，领导干部的职责之一就是维护和发展生态环境、建设生态文明。领导干部自然资源资产离任审计通过对领导干部开展审计，起到重要的监督作用。明确公共自然资源资产的所有权和使用者的使用权，使领导干部在获得使用权的同时，承担起保护自然资源与爱护环境的责任，实现经济、资源、环境和社

会总体利益的最大化。领导干部自然资源离任审计可发现在自然资源资产管理利用中存在的问题，从而不断完善管理制度。

因此，将生态文明审计纳入领导干部离任审计范畴，既是经济责任审计的内容拓展，也是生态文明审计的应然要求，是生态文明建设的必然趋势。党的十八届三中全会提出了自然资源资产离任审计这一全新的概念，目的在于突出自然资源的资产性、产权性和管制性，强化地方各级党政领导人、政府主管部门和国有企业负责人（以下统称为“领导干部”）应具有自然资源资产维护、保持和监管即保值、增值的第一责任人意识。其总体目标是对领导干部任期内自然资源的经济责任、社会责任和生态责任的履行情况进行客观评价，促进领导干部注重经济、社会和生态的协调与永续发展。自然资源资产离任审计的重点是审计涉及自然资源资产的形成、开发、配置、利用的决策权、执行权、收益权以及相关信息公开权的科学性、合法性和规范性。换句话说，为打破领导干部过度强调经济增长而忽略生态环境保护的畸形发展观，应在全社会范围内加强宣传和教育，促使其增强生态保护意识，形成科学发展观，确保“生态治理”行为的合规性、绩效性、公正性和公平性，加强对自然资源的适度开发与高效利用，摒弃以往只强调经济效益而忽略生态效益的发展模式，促进经济系统与生态系统和谐共存、协调发展，以此实现“生态良治”与“生态文明”。所以，在对干部绩效进行审计时，务必要从全局出发，合理把握经济发展与自然生态发展间的关系，对领导的环保责任履行情况等进行客观公正的评价。与此同时，应构建一套严谨合理、统一科学的生态文明审计指标评价体系，将退耕还林、空气环境质量等作为重点评价指标。首先，全面监督干部自然资源资产管理情况。通过合理方法深入全面地调查资源管理及保护情况，对生态政策、资金、责任等展开生态文明审计，对资产权属划分管理是否合乎规定、是否科学严谨进行严格审计，对现行资产补偿机制是否健全合理进行规范审计。其次，对领导干部自然资源资产政策贯彻情况进行严格规范的审计，对政策落实是否符合生态保护政策规定、是否按时完成特定任务等进行专业全面的审计。此外，还需对领导干部任职期间有关污染防治的资金管理及利用情况进行科学合理的审查，对生态资金的利用合规性等进行专业规范的审计。

九、优化和实施节能减排全面审计工作

就现有经济格局而言，调整产业结构和改变生产方式是推动我国生态文明建设的不二法门。产业结构调整一是要重新布局，在保证基础性产业的前提下，大力推进和发展低能耗产业，提高产业结构的合理化。二是要优化升级，在产业结构较为合理的基础上，重点发展低碳技术和循环经济，促进产业结构的优化升级。改变生产方式就是要改变人类社会谋取物质利益的现有方式，在发展生产力的同时，协调好人与自然的互依、互存和共生关系，变粗放式生产为精益化生产，变高碳生产为清洁化生产，目的在于节约能源、减少碳排放、恢复环境，尤其要降低化石能源依赖度、减少二氧化碳排放。节能减排审计属于绩效审计的范畴，既可以就某个地区或区域而言，也可以就具体企业或项目而论；不仅审计其经济效益，而且更要审计其社会效益、环境效益和生态效益，主要侧重经济性、效率性、环境性，其中关键在于效率性（Barzelay，1997），也就是资源投入与产出的关系性。因为，无论是资源取得方式还是产出所要达到的目标都是以效率性为基础的。就节能方面来说，审计的重点是能源消耗，包括能源规模、能源效率，尤其是多要素或全要素能源效率、综合能耗和绿色能源等情况；就减排方面来说，审计的重点是生态环境污染，包括“三废”排放、处理

和再利用，尤其是烟尘、粉尘颗粒物质和温室气体排放等情况；就绩效方面而言，审计的重点是节能减排综合效益，包括节能减排资金落实和使用，节能减排项目的投资、运行与成效，以及节能减排生产过程中的环境风险规避等情况。节能减排审计是一种全面审计，具有长期性、复杂性和艰巨性，要抓住审计关键点，确保审计效率、审计质量和审计风险三者之间的协调平衡。在宏观上，这些关键点如下：节能减排法律法规的健全、执行和落实，尤其是在能源建设、能源价格、财税扶持和综合节约等方面的政策；产业门槛的设置和适应性，尤其是产业准入、行业效能准入和污染排放准入以及产业、行业和产品等方面的制度或标准；节能减排信息披露制度建设和实施，尤其是信息披露框架的透明、简明和可跟踪以及报告内容的完整、关联和上下衔接；节能减排责任制和问责制，尤其是责任制的主导性、法律性、创新性和激励性、问责主体的准确性、全覆盖性和利益纯粹性以及问责程序的规范性和救济性。在微观上，则是被审计单位节能减排及环境治理等管理制度的能源开发、加工、转换、分配、运输、储存和消费的节约性和合理性；能耗和废弃物排放种类和数量的真实性、合法性和合规性；节能减排资金到位和使用情况，尤其是经济效益性和财务遵守性情况；节能减排项目可行、落实和运转，尤其是项目对生态环境的影响以及运行前后情况的对比；投资项目能耗及环境影响，尤其是环评报告和节能产品评价的可靠、可信和合法；节能减排技术应用和进步情况，尤其是低碳或零碳技术的创新；节能减排相关信息的披露情况，尤其是报告质量是否可靠、准确、中立和可比较以及报告操作是否可行、清晰和及时等。

十、创新和优化生态文明审计技术方法

生态文明审计作为新时代中国特色社会主义建设背景下形

成的一种新的审计类型，有其特定的特征，这也对审计方式提出了新的要求。根据我国在审计方面积累起来的实践经验，不管是环境审计，还是生态文明审计，它们均是相对比较新的审计领域；同时，生态文明建设目前正处于摸索发展时期，应在大量的实践活动中谋求创新，以此推动生态文明审计高效、全面发展，而这即意味着需要积极革新生态文明审计技术措施，从而更好地满足生态文明审计工作开展过程中不断产生的新需求。第一，丰富常规审计理论方法。生态文明审计内容比较丰富、审计范围比较广泛，并非只进行常规的资金合规性审计，还需要进行生态项目效益审计等，所以，需要对现有常规审计方法做进一步扩展和完善，促其更好地满足生态文明审计需求，如机会成本和资产价值等方法。作为明显有别于常规审计的一种新审计形式，生态文明审计不仅需要继承现有的审计理论及实践体系，还需要在考虑其审计对象、审计内容等相关因素的基础上探寻新的合适的审计手段和策略。作为当前应用比较广泛且备受业内人士推崇的沟通审计策略，审计矩阵能够清晰直观地展示某审计计划中的核心元素信息。在开展审计工作时，根据生态文明建设项目或其特定内容，将核心审计元素由左至右线性排列，即以审计目标为起始点，以审计结果和重要发现为终结点。作为一个能够比较准确概括和评估信息价值的应用工具，审计矩阵既能够在调查早期环节引领审计工作，也能够借助准确全面的审计信息充分反映各个审计工作者在此过程中付出的辛勤劳动及其分工协作情况（王爱国，2017）。审计工具箱好比一个容器，存放了大量与生态文明审计相关的方法与技术等工具，基于工具的特性可将其大体划分为两类：一类是基本审计工具，如专家咨询、面谈、问卷调查等；另一类则是特殊审计工具，主要包括专家小组、数据分析等（孙东，2018）。第二，依托先进成熟的信息技术开展生态审计工作。当前是一个典型的大数据时代，各种各样的“云”技术快速全面地渗透至人们的世界之中，为人们的工作和生活提供了极大的便利，信息能及时高效地传递分享将会对审计效率及其实施产生较为显著的影响。现在，生态文明建设相关机构通过多种渠道和途径广泛搜集生态文明建设数据和信息，打造并应用了性能可靠、功能完善且操作便捷的数据信息系统，提高了生态文明审计效率。在审计的具体实施过程中，采取生态价值补偿标准、人力资本法等常规方法的前提下，依托信息的实时化、广泛化采集及高效化、实时化传递，切实提高促进生态文明审计信息化水平，构建专门的信息系统，促进相关信息实时高效地传输与共享。技术工作者不单单需要加强对生态文明审计信息系统的定期维护与升级，还需要根据工作的开展情况及时完善审计信息，将此系统和其他相关系统对接。第三，依托当前的专业技术，革新并优化审计方法。现在，生态文明建设部门尝试通过定位精度高的 GPS 技术及成熟先进的环境质量检测技术等开展监管工作。在采集生态文明审计信息的过程中，能够和其他部门保持密切联系，及时获取重要的数据信息，同时，积极引入并应用多类测量技术，通过遥感等设备改善测量结果的精准性与有效性，利用庞大的网络及大数据技术等将获取的审计信息进行实时高效的传递，构建并优化信息沟通机制，保证信息传输效率及传输质量。在审计中引入并应用成熟先进的信息技术，促进静态审计与动态审计灵活结合，坚持现场审计和网络审计完美衔接，促进生态文明审计效率大幅提升。

十一、创建多元审计主体协同审计模式

审计是党和国家监督体系中不可或缺的重要构成。在整个生态经济系统中，各相关要素之间彼此制约、相互关联，确保生态系统处于良好的平衡状态之中，着重突出联动作用。所以，

在整合生态文明审计时，各级审计部门应加强联系与交流，充分发挥各自优势，全面整合并合理配置资源，构建一个高效的联动机制，创建一个性能可靠、功能完善的资源共享平台，以期在资源、信息实时传递的基础上展开规范有序的协同审计。我国可以借鉴国外环境审计方式，形成政府审计占据主导地位、社会审计发挥辅助作用，且以内部审计为微观基础的“三位一体”的协同审计模式。其中，政府审计主要负责对生态文明审计的流程、标准等进行及时准确的指导及全面严格的监督。由于政府机关的职能分工不同，政府审计可组建环境责任审计联席会议，其中，政府审计部门主要扮演着领导人、管理者的角色，而环保部门等在内的各相关职能部门积极参与，他们都是审计主体（马志娟，韦小泉，2014），应严格按照统一的标准和程序开展生态文明审计，充分发挥各部门优势，汇聚成一股强大的合力，促进审计效率进一步提升。政府生态文明审计应在进行责任审计、资金审计等基础上，对生态保护专项资金的分配和利用情况、国家生态环境政策执行情况等进行深入调查和细致分析，促进生态文明建设顺利开展。政府审计属于生态文明审计的宏观层次，而内部审计则构成了生态文明审计的微观基础。在生态文明建设背景下，内部生态文明审计的主要责任是对其所在组织和生态文明建设之间具有密切关联的内部控制予以客观公正的评价及严格规范的检测，促进内部控制得到全面积极的实施，并保证和改善其实施效果，由此促进组织顺利实现预期的内控目标。对于内部生态文明审计来讲，它基本上涵盖在每一个企事业单位的运营活动体系之中，确保其开展的各种运营活动与国家生态文明建设战略高度统一。内部生态文明审计追踪评价单位的生态文明政策实施情况、管理层承担生态文明责任情况、生态文明责任内部控制制度设计和执行情况，从而对生态文明建设风险进行持续动态评估，及时找出未被揭示的潜在生态环境风险，促进单位的生态文明社会责任履行效率和履行质量得到全面提升。目前，受各种因素的制约，无论是政府审计，还是内部审计，都无法独立完成生态文明审计的全部任务，都离不开社会审计的协助与支持。社会生态文明审计是对被审计对象的重大生态文明决策或者重要信息能够公允反映，引导被审计对象积极主动地践行生态文明建设责任的审计主体之一。社会审计不仅能够对被审计对象的环境信息披露、社会责任履行情况等提供清晰规范的生态文明审计报告；也能够对被审计对象所享有的排污权等开展生态认证服务。

上述三种审计模式各有其特点，它们在职责层面存在一定差别，其中，政府生态文明审计的主要职责是监督政府生态环境管理活动法规遵循性、效益性及经济性，其主要目标在于促进政府生态管理效率和水平进一步提升。社会生态文明审计的主要职责是对被审计对象发布的和生态环境相关的数据、信息是否准确、有效进行严格全面的审核，促使其积极履行生态环境保护责任。内部生态文明审计的主要职责是对被审计对象和生态环境相关的内控有效性进行全面监督及客观评价，促使其顺利实现生态环境保护内控目标。当前，国家可借助向第三方购买服务的方式或者将比较复杂的生态文明审计项目立项后委托专业能力出众且信誉良好的社会审计机构进行审计工作。此外，我们还应有意识、有计划地培育和发展社会审计力量，以期在改善生态文明审计效果的同时尽量减少信息不对称的现象。

在多元审计主体协同审计模式下，必须提高审计主体的独立性。审计主体在独立性方面的缺陷，将会阻碍其开展生态文明审计。为此，我们必须改革现行的审计体制，促进审计主体的社会地位得到进一步提升，从制度上保证审计机关的独立性。一是要在增强审计主体自身独立性的基础上，适当地赋予其更高的报告权限。二是应进一步明确审计主体的经费来源及其保证制度。随着生态文明建设的快速发展，审计主体要不断开拓审计领域，从传统的财务收支审计向绩效审计领域过渡，这显然会增加审计成本，进而出现审计经费需求量增大的现实情况。为此，有必要增加关于追加审计经费的规定，包括追加经费条件、审批权限和审批手续等。三是应在充分考虑工作性质的基础上，制定一套严谨规范、科学合理的审计主体领导人的任免程序。为保证审计主体的自身独立性，必须保证审计主体的负责人在开展工作时，不受其他方面制约和干扰。

十二、建立健全生态文明审计评价体系

目前，我国还没有建立起公正的、科学的、健全的生态文明审计评价体系，这阻碍了审计工作人员在生态文明审计评价标准上的把握。为此，应尽快建立起公正、科学、便于操作的生态文明审计评价体系。在设计过程中，应针对生态环境、社会经济、社会文明的主要问题，组织由多专业的专家组成的联合工作组来共同开展研究。

生态文明审计评价体系包括评价指标和评价标准。在构建生态文明审计评价指标时，应注意评价指标的全面性，使其符合中国生态文明建设的需要，即不仅需要选取合适的定量指标，也需要规范合理地选取定性指标；不仅需要选取合适的静态指标，也要选取合适的动态指标，以便能全面反映中国生态文明建设中在各方面取得的效益。同时，评价体系应清晰明了，便于操作与考核。生态文明审计评价标准应与评价指标相对应，每一项评价指标都应当设定相应的评价标准。但在设定评价标准时，应注意结合具体情况，不应设定过高或过低，以免降低被审计单位的积极性，标准的设定应当能起到促进被审计单位不断提高其保护生态环境和促进经济良好发展的作用。

十三、完善生态文明审计的保障机制

生态文明审计制度体系为生态文明审计的开展提供了可靠保障。立法型审计是世界各国的共同选择，法律法规的建设是生态文明审计开展的战略保障与支撑。目前，我国还未构建起完善严谨的生态文明审计规范体系，而生态文明审计建设高度依赖于完善合理的审计规范体系。在创建和优化生态文明审计制度体系方面，我国审计部门应该起到一定的带头作用，可联合各相关部门，深入基层，积极听取基层心声，进行综合性评价，从国家层面逐步完善生态文明审计制度体系的构建，从而制定出一套系统且有效的生态文明审计体系。我国生态文明审计制度体系不完善，主要存在着内容不全、层级过低、零散化等问题。而生态文明审计的建设与发展高度依赖严谨完善、科学合理的审计制度体系。如今，我国生态文明审计离不开法治体系的可靠支持及有效保障，应在立足本国国情的基础上制定与生态文明审计相关的法律政策，为审计工作高效有序地开展提供可靠依据。同时，要制定一套完善合理的生态文明审计准则。我国相继出台了包括《审计法》等在内的多项法律文件，特别是从 2015 年，制定并实施了“1+6”生态文明改革方案，不过遗憾的是，现行法律文件及政策制度等均未对生态文明审计进行详细明确的规定，这造成生态文明审计工作的开展缺乏可靠的法律依据与保障，在很大程度上制约了生态文明审计实践工作的高效化、规范化、有序化开展。为有效地开展生态文明审计，可从下述几个层面入手构建并完善保障体系。一是法规层面，制定并出台相关法律法规，为生态文明审计工作的有序开展提供强大的法制保障。首先，应制定《生态保护法》等法律法规。在此基础上，对当前实施的《审计法》《环境保护法》等做进一步补充和完善，充分明确生态文明审计的职责与内容，促其在生态文明建设和发展中的免疫作用得到全面彰显。二是准则层面，制定严谨合理、规范可行的生态文明审计准则。在汲取西方发达国家先进经验和成熟准则的前提下，根据我国实际发展情况，制定一套先进成熟且符合国情的生态文明审计准则，为了与国际准则相接轨，可分类制定一般准则、工作准则和报告准则。三是评价层面，制定客观公正且便于实施的生态文明审计评价体系。评价机制的构建能够为生态文明审计工作的有序化、规范化、统一开展提供可靠指导。四是制度层面，制定生态文明审计制度体系。首先，结合审计职责及特征制定详细规范的具体制度，譬如生态文明审计问责制度等，确保各项审计工作高效有序地稳步开展。同时，选取合适的生态建设指标构建绩效考核体系。其次，制定完善严谨的配套制度，譬如审计结果公告制度，确保生态文明审计结果能够及时、准确地披露，鼓励并引导社会民众监督，提高审计公开性，促进生态文明审计高效全面发展。不仅如此，还需要民众增强生态伦理意识，唯有将意识思想内化为个人行为准则，方可为实践工作的开展提供重要指导，形成全民监督的良好氛围，促进生态文明审计工作顺利进行。

十四、提高生态文明审计队伍专业化建设

生态文明审计对审计人员的专业技术水平和综合运用能力有较高的要求，不同于其他类型的审计，生态文明审计具有很强的专业性，并且涉及生态、环境、自然资源、经济、社会及管理等多个领域、多个行业、多个部门、多个地区，涉及范围甚广。审计队伍职业化是现代法治国家的基本特征和要求，是提高审计队伍整体素质的重要保障（晋玉梅，2014）。若审计相关人员不具备生态文明建设和审计相关的专业知识，并且不了解该行业的相关信息，那么生态文明建设和审计等相关工作将

很难进行下去。但是我国大多数审计人员掌握的专业知识过于狭窄，一般只积累了财会、审计方面的知识，对法律、经济、环境等领域的专业知识知之甚少，因此，对于大部分审计工作者而言，生态文明审计难度比较大，不利于生态文明审计工作高效高质地开展。因此，努力加强生态文明审计相关人员的专业胜任能力是我国生态文明审计发展的基础。构建专业规范的生态文明审计队伍，加强内部培训，促其专业技能和综合素养全面提升，为生态文明审计工作专业高效地开展提供可靠的智力保障。一是需要打造生态文明审计专业组织体系。旨在推动生态文明审计职业化、规范化、有序化发展，应在借鉴西方成熟经验的同时，立足于国内实际情况，打造完善严谨的生态文明审计职业化组织体系。可在坚持环保部、审计部门发挥主导作用的前提下，全面统筹中国审计学会等相关组织，共同创建“生态文明审计委员会”。此委员会的主要职责是组织生态文明审计师资格考试，向通过考试的学员颁发相应的从业资格证书，同时，需要针对生态文明审计制定严谨合理的准则，确保生态文明审计各项工作规范有序地全面开展。二是构建生态文明审计职业化执业资格制度。在借鉴其他资格考试制度的前提下，根据生态文明审计特征及其要求，制定严谨科学且符合法律法规的人员资格考试和准入管理制度，全面实施任职资格等级制度，唯有通过资格考试的人员方可参加生态文明审计工作。三是加强生态文明审计业务的专项化培训，众所周知，生态文明审计专业性非常强，对审计人员的知识积累和业务技能要求非常高，所以，应重视并强化审计人员的专项化、系统化培训，促其不断开阔视野、补充新的专业知识。这就需要创建合理有效的后续教育制度，确保每一名审计工作者都能够及时有效地获取最新前沿专业知识，如环境工程学知识、政府出台的最新政策等。对于审计工作者来讲，不仅需要具备扎实的财会基础，同时也需要精通审计理论和方法。由此打造一支业务能力出众、综合素养较高的生态文明审计专业队伍。四是积极和院校及相关企业等谋求合作，高校可在条件允许的情况下开设生态文明审计专业，以此为生态文明审计工作的规范化、专业化发展提供强大的人才支持。可邀请生态文明建设领域资历老、实践经历丰富的专业人才对审计课程的教学给予指导，促进审计力量进一步壮大。五是重视并强化对优秀生态文明审计人才的引入和培育。为壮大生态文明审计队伍，并保证队伍质量，不应只依赖于招考录用单一渠道，也应面向社会广泛招纳优秀人才。在招聘生态文明审计人员时，需要适当地向城市规划、法律等专业人才倾斜，录取之后，再对其进行专业系统的审计培训，这样就能够保证审计工作人员不仅精通生态环境管理理论，而且能全面准确地掌握必要的审计技术和技能。此外，还可建立生态文明审计专家库，如对资源、城镇建设、经济学等具有深入研究的专家，根据具体审计项目的需要，鼓励并引导行业专家参与审计工作，与审计人员共同致力于生态文明审计工作的开展，促其效率和水平全面提升。采用这种方式有助于审计部门打造一支由专业人才、复合型人才共同构建的审计队伍，促进生态文明审计效率和质量全面提升，更好地推动国家生态文明建设与发展。六是打造生态文明审计交流平台，该平台主要用于内部审计人员间的知识共享、建议互通，以期审计人员通过密切深入的交流提高专业技能水平。

十五、建立生态文明审计的信息披露机制

我国的生态文明审计研究仍处于探索阶段，理论和实务都有待完善，既没有一套完整的生态文明审计理论体系，也没有可操作的生态文明审计准则，难以获取生态文明审计所需要的信息。因此，现阶段，生态文明审计的当务之急是建立信息披

露制度。生态文明审计的信息披露制度是连接生态文明审计工作和生态文明建设的关键点。没有充分的信息披露，生态文明审计的范围必将受限，生态文明审计的评价更无从谈起。生态文明审计的信息披露机制可体现在对生态文明审计开展情况和责任履行情况的信息披露、对被审计对象的审计结果信息披露、对生态文明治理绩效评价的信息披露等。对于重大生态文明建设项目的审计结果，可直接在影响力大的网站或者通过较权威的新闻媒体等对外公布，提高审计结果的透明度，督促其他相关单位积极履行责任，加强跟踪审计，帮助被审计对象及时发现其自身不足与劣势，加强其对生态环境问题的防范与处理。信息披露还有助于审计人员快速及时地识别问题与潜在风险，根据当前掌握的信息进行合理总结，为后续开展审计工作、制订审计计划提供可靠依据。可见，构建一套适应国情、严谨合理的生态文明审计信息披露机制，不仅要保证具有良好的适用性，还需要保证具有较强的可操作性，为生态文明审计建设发展提供强大支持。生态文明审计信息披露的真实性、完整性，除取决于生态文明审计理论与实务的发展水平外，主要受国家法规的影响。因此，可考虑首先制定生态文明审计的信息披露制度，为生态文明审计的开展提供必要的前提条件，努力实现新时代生态文明审计促进经济社会发展方式的转型，推动生态文明发展，为打造美丽富饶中国贡献力量。

参考文献

ABRAMSON P. R., INGLEHART R, 1987. Generational Replacement and the Future of Post-materialist Values [J]. The Journal of Politics, 49 (1): 231-241.

BARZELAY M, 1997. Central Audit Institutions and Performance Auditing: A Comparative Analysis of Organization Strategies in OECD [J]. Governance: An International Journal of Policy and Administration, 10 (3): 235-260.

BRENNAN A, 1995. The Ethics of the Environment [M]. Boston: Dartmouth Publishing Company Limited.

EARNHART D., Leonard J. M, 2013. Determinants of Environmental Audit Frequency: The Role of Firm Organizational Structure [J]. Journal of Environmental Management (128): 497-513.

EVANS, M. F.; LIU, L.; STAFFORD, S. L, 2011. Do Environmental Audits Improve Long-term Compliance? Evidence From Manufacturing Facilities in Michigan [J]. Journal of Regulatory Economics, 40 (3): 279-302.

FOSTERJ. B., CLARK, B. Marxism and the Dialectics of Ecology [EB/OL]. (2016-10-1) [2020-05-10]. https://monthlyreview.org/2016/10/01/marxism-and-the-dialectics-of-ecology/.

GLOTFELTY C., FROMM, H, 1996. The Ecocriticism Reader: Landmarks in Literary Ecology [M]. Athens: University of Georgia Press.

HAYWARD, T, 1998. Political Theory and Ecological Values [M]. New York: St. Martin's Press.

IFAC, 1995. The Audit Profession and the Environment [M]. Caulfield, Australia: Australian Accounting Research Foundation, 1995.

MAGDOFF F, 2012. Harmony and Ecological Civilization: Beyond the Capitalist Alienation of Nature [J]. Monthly Review, 64 (2): 1-9.

MORRISON, R, 1995. Ecological Democracy [M]. Boston: South End Press.

NORTON B. G, 1984. Environmental Ethics and Weak Anthropocentrism [J]. Environmental Ethics, 6 (2): 131-148.

NORTON B. G, 1995. Why I am Not a Anthropocentric: callicott and the Failure of Monistic In herentism [J]. Environmental Ethics, 17 (4): 341-358.

ROCKSTROM J., STEFFEN W, 2009. A Safe Operating Space for Humanity [J]. Nature, 461 (24): 472-475.

伯林特，程相占，2008. 审美生态学与城市环境 [J]. 学术月刊 (3): 21-26.

刘易斯，1999. 经济增长理论 [M]. 周师铭、沈丙杰、沈伯根，译. 北京：商务印书馆.

泰勒，2005. 原始文化：神话、哲学、宗教、语言、艺术和习俗发展之研究 [M]. 连树生，译. 桂林：广西师范大学出版社.

吉登斯，2000. 超越左与右：激进政治的未来 [M]. 李惠斌，杨雪冬，译. 北京：社会科学文献出版社.

利奥波德，2014. 沙乡年鉴［M］. 王铁铭，译. 南宁：广西师范大学出版社.

巴里，2011. 正义诸理论［M］. 孙晓春，曹海军，译. 长春：吉林人民出版社.

曾繁仁，2015. 关于“生态”与“环境”之辩：对于生态美学建设的一种回顾［J］. 求实学刊（1）：107-111+2.

常纪文，2017. 十九大后生态文明建设和改革亟待解决的问题［J］. 党政研究（6）：27-30.

陈筠泉，2014. 关于生态文明的几点思考［J］. 马克思主义与现实（1）：5-7.

陈俊，2019. 习近平新时代生态文明思想的主要内容、逻辑结构与现实意义［J］. 思想政治教育研究（4）：14-21.

陈瑞清，2007. 建设社会主义生态文明，实现可持续发展［J］. 北方经济（7）：4-5.

陈文，2008.“天人合一”思想与当代生态文明建设［J］. 前沿（11）：153-155.

陈炎，2002.“文明”与“文化”［J］. 学术月刊（2）：68-73.

佩珀，2005. 生态社会主义：从深生态学到社会正义［M］. 刘颖，译. 济南：山东大学出版社.

佩珀，2012. 生态社会主义：从深生态学到社会正义［M］. 2版. 刘颖，译. 济南：山东大学出版社.

邓翠华，2009. 论生态文明建设的层次性、艰巨性与实现路径［J］. 福建论坛（人文社会科学版）（5）：153-155.

都新英，2016. 生态文明建设中政府审计作用机制与策略研究［J］. 财会通讯（16）：93-95.

段智德，2009. 主体生成论：对“主体死亡论”之超越

[M]. 北京：人民出版社.

范和生，刘凯强，2016. 从黑色文明到绿色发展：生态环境模式的演进与实践生成［J］. 青海社会科学（2）：46-54.

冯留建，2014. 科技革命与中国特色社会主义生态文明建设［J］. 当代世界与社会主义（2）：23-27.

高梦琪，2020. 生态学马克思主义中的人与自然关系研究［J］. 重庆理工大学学报（社会科学）（5）：165-172.

谷树忠，胡咏君，周洪，2013. 生态文明建设的科学内涵与基本路径［J］. 资源科学（1）：2-13

郭建，2008. 中国特色社会主义生态文明的科学内涵及其构建［J］. 河南师范大学学报（哲学社会科学版）（3）：16-18.

黄蓉生，2013.“和谐共生”视野的生态文明建设论纲［J］. 改革（10）：152-158.

罗尔斯顿，2000. 哲学走向荒野［M］. 刘耳，叶平，译. 长春：吉林人民出版社.

罗尔斯顿，2000. 环境伦理学：大自然的价值以及人对大自然的义务［M］. 杨通进，译. 北京：中国社会科学出版社.

籍芳芳，2018. 供给侧背景下的高校思想政治教育工作创新研究［J］. 吉林化工学院学报（6）：67-70.

贾峰，2007. 告别黑色工业文明 迈向绿色生态文明［J］. 世界环境（6）：2-3.

戴蒙德，2008. 崩溃：社会如何选择成败兴亡［M］. 江滢，叶臻，译. 上海：上海译文出版社.

江山，2000. 黄色文明—黑色文明—绿色文明—农机化发展必须适应“绿色文明”的兴起［J］. 福建农机（2）：10-11.

蒋孝明，2018. 论新时代社会主义现代化强国生态文明之“美丽”蕴意［J］. 牡丹江师范学院学报（哲学社会科学版）（5）：45-52.

解保军，2014. 生态学马克思主义名著导读［M］. 哈尔滨：哈尔滨工业大学出版社.

晋玉梅，2014. 审计队伍职业化制度设计及实现路径探讨［J］. 管理观察（4）：180-181.

柯林武德，1999. 自然的观念［M］. 吴国盛，柯映红，译. 北京：华夏出版社.

雷毅，2000. 生态伦理学［M］. 西安：陕西人民出版社.

黎明，李春华，杨宝，2015. 生态审计理论框架初探［J］. 财会月刊（31）：59-62.

李德顺，1998. 从“人类中心”到“环境价值”：兼谈一种价值思维的角度和方法［J］. 哲学研究（2）：3-5.

李良美，2005. 生态文明的科学内涵及其理论意义［J］. 毛泽东邓小平理论研究（2）：47-51.

李周，2013. 建设美丽中国，实现永续发展［J］. 经济研究（2）：17-19.

梁雪芬，2016. 生态审计的新内涵和方法研究［J］. 科技创新导报（12）：90-91.

刘登娟，黄勤，邓玲，2014. 中国生态文明制度体系的构建与创新：从“制度陷阱”到“制度红利”［J］. 贵州社会科学（2）：17-21.

刘赫男，2019. 习近平生态文明思想的深刻内涵［J］. 新长征（12）：18-19.

刘俊伟，1998. 马克思主义生态文明理论初探［J］. 中国特色社会主义研究（6）：3-5.

刘明辉，刘雅芳，2014. 会计越发展政治越文明：论会计审计的政治环境及其在政治文明建设中的作用［J］. 会计研究（7）：3-11+96.

刘庆志，2015. 生态文明建设中政府审计“监督人”作用及其实现研究［J］. 中国内部审计（12）：82-84.

刘思华，1989. 理论生态经济学若干问题研究［M］. 南宁：广西人民出版社.

刘湘溶，2015. 生态文明建设：文化自觉与协同推进［J］. 哲学研究（3）：122-126.

刘湘榕，1992. 生态伦理学［M］. 长沙：湖南师范大学出版社.

纳什，2005. 大自然的权利［M］. 杨通进，译. 青岛：青岛出版社.

利普舒茨，2012. 全球环境政治：权力、观点和实践［M］，郭志俊，蔺雪春，译. 济南：山东大学出版社.

罗贤宇，2018. 改革开放40周年：生态文明建设的“中国样本”［J］. 云南民族大学学报（哲学社会科学版）（4）：50-58.

马克思，恩格斯，2009. 马克思恩格斯文集：第1卷［M］. 北京：人民出版社.

马克思，恩格斯，1995. 马克思恩格斯全集：第30卷［M］. 北京：人民出版社.

马克思，恩格斯，2002. 马克思恩格斯全集：第3卷［M］. 北京：人民出版社.

马克思，恩格斯，1979. 马克思恩格斯全集：第42卷［M］. 北京：人民出版社.

马克思，恩格斯，1979. 马克思恩格斯全集：第46卷·上［M］. 北京：人民出版社.

马克思，恩格斯，1972. 马克思恩格斯全集：第4卷［M］. 北京：人民出版社.

马克思，恩格斯，2009. 马克思恩格斯文集：第7卷［M］. 北京：人民出版社.

马克思，恩格斯，2009. 马克思恩格斯文集：第9卷［M］. 北京：人民出版社.

马克思，恩格斯，1995. 马克思恩格斯选集：第1卷［M］. 北京：人民出版社.

马克思，恩格斯，1995. 马克思恩格斯选集：第2卷［M］. 北京：人民出版社.

马克思，恩格斯，1995. 马克思恩格斯选集：第4卷［M］. 北京：人民出版社.

马志娟，韦小泉，2014. 生态文明背景下政府环境责任审计与问责路径研究［J］. 审计研究（6）：16-22.

贝尔，2010. 环境社会学的邀请［M］. 昌敦虎，译. 北京：北京大学出版社.

孟悦，2016. 生态危机与“人类纪”的文化解读：影像、诗歌和生命不可承受之物［J］. 清华大学学报（哲学社会科学版）（3）：5-25+191.

拉兹格，1998. 系统哲学引论：一种当代思想的新范式［M］. 钱兆华、熊继宁、刘俊生，译. 北京：商务印书馆.

钱春萍，代山庆，2017. 论习近平生态文明建设思想［J］. 学术探索（4）：14-19.

钱正英，沈国舫，刘昌明，2005. 建议逐步改正“生态环境建设”一词的提法［J］. 科技术语研究（2）：20-21.

科威尔，2015. 自然的敌人：资本主义的终结还是世界的毁灭？［M］. 杨燕飞，冯春涌，译. 北京：中国人民大学出版社：14.

邱高松，2017. 生态文明审计探析［J］. 商学研究（5）：111-115.

邱耕田，1997. 对生态文明的再认识：兼与申曙光等人商榷［J］. 求索（2）：4.

任平，2014. 中国特色生态文明理论的构建：问题、观念与模式［J］. 江苏行政学院学报（4）：5-10.

荣开明，2017. 努力走向社会主义生态文明新时代：略论习近平推进生态文明建设的新论述［J］. 学习论坛（1）：5-9.

申曙光，宝贡敏，蒋和平，1994. 生态文明：文明的未来［J］. 浙江社会科学（1）：5.

沈满洪，2012. 生态文明制度的构建和优化选择［J］. 生态经济（12）：18-22.

宋祖良，1993. 拯救地球和人类未来：海德格尔的后期思想［M］. 北京：中国社会科学出版社.

孙东，2018. 南京市领导干部自然资源资产离任审计试点工作探索与思考［J］. 审计月刊（1）：33-35.

伊德，2012. 技术与生活世界［M］. 韩连庆，译. 北京：北京大学出版社.

唐洋，2014. 关于在我国开展生态文明审计的探讨［J］. 财务与会计（2）：34-35.

汪信砚，2020. 生态文明建设的价值论审思. 武汉大学学报（哲学社会科学版），73（3）：42-51.

王爱国，2017. 关于生态文明审计的几个基本理论问题［J］. 东岳论丛，38（10）：110-121.

王爱国，2015. 我国生态文明审计的内涵、边界与进路［J］. 济南大学学报（社会科学版）（6）：1-5+88.

王冰，2018. 生态文明审计促进我国生态文明建设的作用机制及实现路径［J］. 山东行政学院学报（4）：113-116+21

王经北，魏志成，2018. 新时代我国生态文明建设的战略思考［J］. 江西理工大学学报（2）：12-16.

王雨辰，2008. 反对资本主义的生态学：评西方生态学马克思主义对资本主义社会的生态批判［J］. 国外社会科学（1）：4

-12.

王雨辰，2019. 论习近平生态文明思想的理论特质及其当代价值［J］. 福建师范大学学报（哲学社会科学版）(6)：10-18+167.

王雨辰，2019. 习近平生态文明思想的三个维度及其当代价值［J］. 马克思主义与现实（2）：7-14.

王雨辰，2013. 论以社会建设为核心的生态文明建设［J］. 哲学研究（10）：100-105+125+128.

王芸，黄艳嘉，2014. 中外生态审计制度与实践的比较研究［J］. 南昌大学学报（1）：71-76.

莱斯，2007. 自然的控制［M］. 岳长龄，李建华 译. 重庆：重庆出版社.

习近平. 决胜全面建成小康社会夺取新时代中国特色社会主义伟大胜利：在中国共产党第十九次全国代表大会上的报告［M］. 北京：人民出版社，2017.

习近平，2003. 生态兴则文明兴：推进生态建设打造“绿色浙江”［J］. 求是（13）：42-44.

习近平，2019. 推动我国生态文明建设迈上新台阶［J］. 奋斗（3）：1-16.

习近平，2017. 习近平谈治国理政：第二卷［M］. 北京：外文出版社.

习近平，2018. 习近平谈治国理政：第一卷［M］. 北京：外文出版社.

习近平，2014. 习近平谈治国理政［M］. 北京：外文出版社：544.

习近平，2014. 习近平谈治国理政［M］. 北京：外文出版社.

习近平，2018. 在纪念马克思 200 周年诞辰大会上的讲话

[M]. 北京：人民出版社.

席龙胜，2015. 关于我国生态文明建设审计目标及实现路径的探讨 [J]. 商业会计 (22)：12-14.

夏光，2012. 再论生态文明建设的制度创新 [J]. 环境保护 (23)：19-22.

肖显静，2003. 后现代生态科技观：从建设性的角度看 [M]. 北京：科学出版社.

谢志华，陶玉侠，杜海霞，2016. 关于审计机关环境审计定位的思考 [J]. 审计研究 (1)：11-16.

徐春，2010. 生态文明在人类文明中的地位 [J]. 中国人民大学学报 (2)：37-45.

徐水华，2006. 试论马克思恩格斯的“控制自然”思想 [J]. 科学技术与辩证法 (5)：18-21+109.

徐嵩龄，1999. 环境伦理学进展：评论与阐释 [M]. 北京：社会科学文献出版社.

徐湘林，2014.“国家治理”的理论内涵 [J]. 人民论坛 (10)：31.

许斗斗，2011. 论马克思的社会建设思想及其当代意义：一种生态文明建设的分析视角 [J]. 哲学研究 (8)：18-23.

郇庆治，2019. 生态马克思主义的中国化：意涵、进路及其限度 [J]. 中国地质大学学报（社会科学版）(4)：84-99.

岩佐茂，韩立新，2002. 研究环境伦理学的基本视角 [J]. 哲学动态 (4)：6-9.

杨东平，2011. 中国环境发展报告（2011）[M]. 北京：社会科学文献出版社.

杨秀萍，2018. 习近平生态文明思想的科学思维方式 [J]. 南通大学学报（社会科学版）(3)：7-11.

殷培红，2012. 尊重自然、顺应自然：人与自然关系认识的理念提升［J］. 环境经济（12）：13-17.

余谋昌，雷毅，杨通进，2004. 环境伦理学［M］. 北京：高等教育出版社：48.

余谋昌，2007. 生态文明：人类文明的新形态［J］. 长白学刊（2）：138-140.

余谋昌，1997. 生态人类中心主义是当代环保运动的唯一旗帜吗？［J］. 自然辩证法研究（9）：6.

余谋昌，2006. 生态文明是人类的第四文明［J］绿叶（11）：20-21.

余谋昌，2000. 生态哲学［M］. 西安：陕西人民教育出版社.

俞海，2019. 准确把握习近平生态文明思想的逻辑体系和内在实质［J］. 环境与可持续发展（4）：12-16.

俞可平，2005. 科学发展观与生态文明［J］. 马克思主义与现实（4）：4-5.

福斯特，2006. 生态危机与资本主义［M］. 耿建新，译. 上海：上海译文出版社.

奥康纳，2003. 自然的理由：生态学马克思主义研究［M］. 唐正东、臧佩洪，译. 南京：南京大学出版社.

拉伍洛克，2007. 盖娅：地球生命的新视野［M］. 肖显静、范祥东，译. 上海：上海人民出版社.

张贡生，2013. 生态文明：一个颇具争议的命题［J］. 哈尔滨商业大学学报（社会科学版）（2）：3-14.

张捷，2012. 转变发展方式：由工业文明迈向生态文明［J］. 中国人口·资源与环境（S2）：287-290.

张鹏，2006. 重构技术观：论技术观的演变与和谐型技术观的建构［J］. 中北大学学报（社会科学版）（5）：57-60.

张首先，2010. 生态文明：内涵、结构及基本特性［J］. 山西师范大学学报（社会科学版）(1)：26-29.

张秀，张国平，2009. 生态文明建设的哲学思考［J］. 兰州学刊（2）：11-12+22.

郑国洪，朱芳芳，2015. 生态文明审计服务国家治理的路径探析［J］. 会计之友（10）：121-123.

郑鹏，赵师嘉，聂鸿鹏，2018. 新常态下的生态文明审计问题研究［J］. 时代经贸（12）：10-12.

中共中央文献研究室，2016. 习近平关于全面建成小康社会论述摘编［M］. 北京：中央文献出版社.

中共中央文献研究室，2017. 习近平关于社会主义生态文明建设论述摘编［M］. 北京：中央文献出版社.

周林霞，2015. 人与生态：城镇化“双向伦理”维度刍议［J］. 伦理学研究（6）：97-100.

周扬，2019. 新时代中国特色社会主义生态文明建设略论［J］. 云南农业大学学报（社会科学版）(3)：105-110.

祝孟叶，2019. 基于国家治理角度的生态文明审计制度建设研究［J］. 市场研究（2）：40-41.

佐佐木毅，金泰昌，2009. 地球环境与公共性［M］. 韩立新、李新荣，译. 北京：人民出版社.